Paulien Bom

CW01666987

aethera®

die heilenden Kräfte im Menschen stärken,
die Bildung des eigenständigen Urteils unterstützen,
die Initiativbereitschaft von Patienten und Verbrauchern fördern.

An der Herausgabe des aethera-Programmes wirken mit:
der Verein für Anthroposophisches Heilwesen,
die Heilmittelfirma Weleda, die Gesellschaft Anthroposophischer Ärzte
und die Medizinische Sektion am Goetheanum.

Über dieses Buch: Mit viel Verständnis für die oft widersprüchlichsten Aufgabenstellungen geben die Autoren konkrete Hilfen für die unterschiedlichsten Alltagssituationen und in den wichtigsten Erziehungsfragen, die es ermöglichen, auf die bei jedem Kind sehr unterschiedlich verlaufenden Entwicklungsschritte angemessen reagieren zu können und bei Bedarf korrigierend einzugreifen.

Die Autoren: Paulien Bom ist Krankenschwester und Mitarbeiterin einer Erziehungsberatungsstelle in Amsterdam sowie am Zentrum für anthroposophische Gesundheitsvorsorge in Zeist, wo sie auch Kurse für Eltern mit kleinen Kindern hält.
Machteld Huber ist Ärztin und arbeitete mehrere Jahre in der Drogentherapie. Danach setzte sie ihre Arbeit auf dem Gebiet der Präventivmedizin fort. Sie gehört zu den Gründern des Instituts für Ernährungskunde «Dunamis», das u.a. auch allgemeine Gesundheitsberatungen durchführt. Außerdem ist sie in der Forschung und als Ausbilderin tätig.

Paulien Bom/Machteld Huber

Von eins bis vier

Was Kleinkinder wirklich brauchen.
Entwicklung – Erziehung – Pflege

Unter Mitwirkung von Guus van der Bie,
Anneke Maissan-van der Hoeven
und Toke Wormer-Bezuijen

Aus dem Niederländischen von Agnes Dom-Lauwers

aethera

Die niederländische Originalausgabe erschien unter dem Titel
«Groeiwijzer van één tot vier jaar: verzorging en opoeding»
bei Uitgeverij Christofoor in Zeist.

1. Auflage 2000
aethera im Verlag Freies Geistesleben & Urachhaus GmbH
Landhausstr. 82, 70190 Stuttgart
Internet: www.aethera.de
ISBN 3-7725-5015-0
© der niederländischen Originalausgabe:
1997 Voedingsinstituut Dúnamis / Uitgeverij Christofoor, Zeist
© 2000 Verlag Freies Geistesleben & Urachhaus GmbH, Stuttgart
Umschlagbild: © Bildagentur Mauritius
Druck: Offizin Chr. Scheufele, Stuttgart

Inhalt

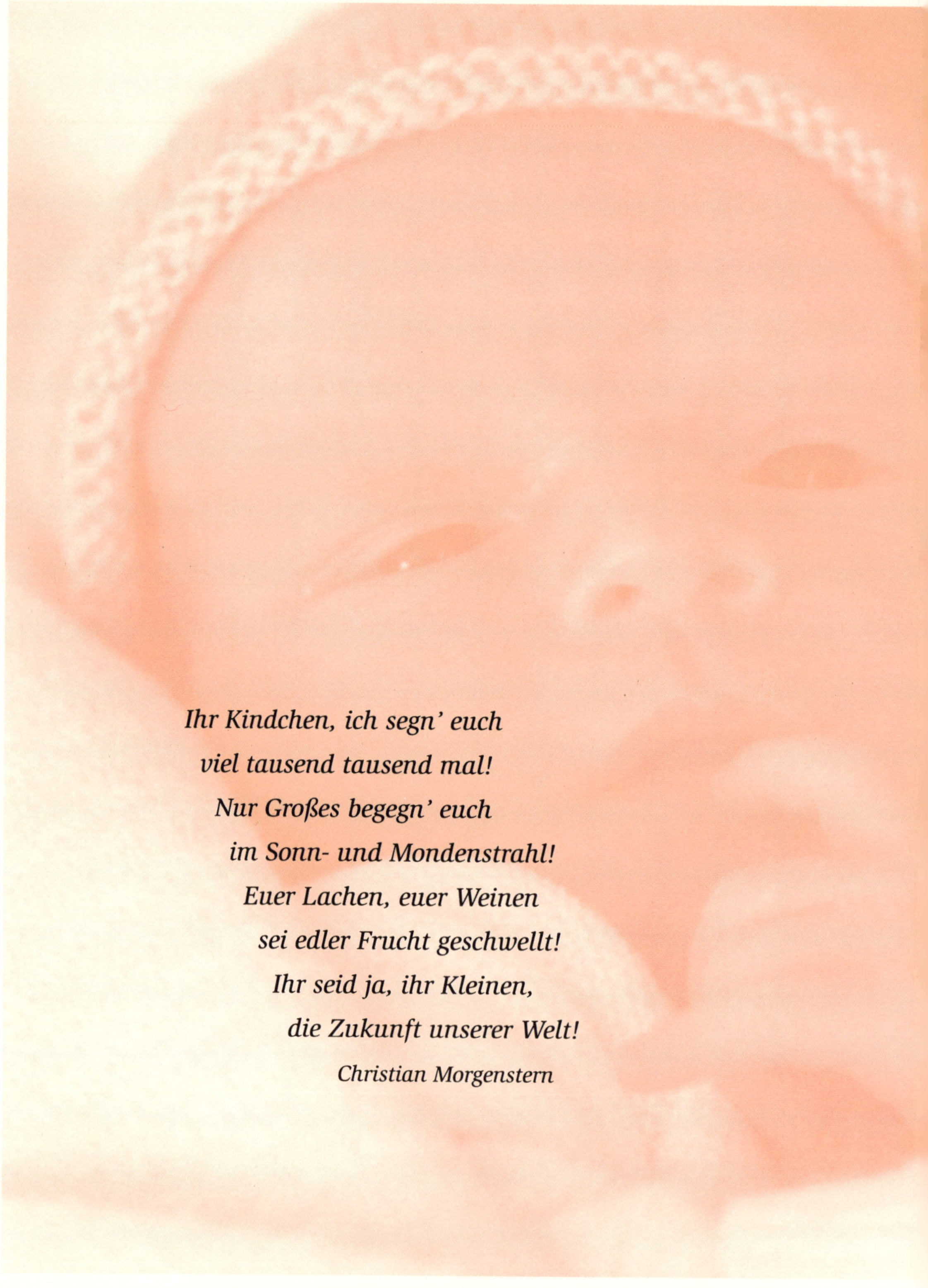

Ihr Kindchen, ich segn' euch
viel tausend tausend mal!
Nur Großes begegn' euch
im Sonn- und Mondenstrahl!
Euer Lachen, euer Weinen
sei edler Frucht geschwellt!
Ihr seid ja, ihr Kleinen,
die Zukunft unserer Welt!

Christian Morgenstern

Das Wichtigste im Umgang mit Kleinkindern

Jedes Kind ist anders! Diese Erfahrung könnte es nahelegen, auf allgemeine Erziehungsprinzipien überhaupt zu verzichten und sein Handeln ganz aus der jeweiligen Situation bestimmen zu lassen. Dennoch ist es gut, sich einige Gesichtspunkte bewusst zu machen, die für alle Kinder gültig sind. Denn jeder Entwicklung, so individuell sie auch ist, liegen doch auch allgemeine Gesetze zugrunde. Deren Kenntnis hilft Eltern und Erziehern, einen schützenden Raum um das Kind zu bilden und auch in Augenblicken, in denen sie sich vielleicht überfordert fühlen, doch nicht den Boden unter den Füßen zu verlieren.

So sollen hier zunächst einige Dinge genannt werden, die etwas wie einen tragenden Grund bilden, aus dem heraus dann die einzelnen Erziehungsmaßnahmen hervorgehen können.

Kinder brauchen Nestwärme

Ohne ein «warmes Nest» kann ein Kind nicht gedeihen. Das Allerwichtigste ist dabei die Liebe. Der *Liebe* und *Aufmunterung*, die das Kind empfängt, ist es zu verdanken, wenn es sich den Menschen in seiner Umgebung anvertraut, sich sicher fühlt und sich voller Zuversicht der Welt zuwendet.

Mit einem warmen Nest meinen wir nicht nur die *Herzenswärme* und *Behaglichkeit*, in der sich alle Familienmitglieder wohl fühlen, sondern auch rein körperliche Wärme. Das Kind sollte so angezogen werden, dass es sich in seinem Körper überall behaglich warm und somit pudelwohl fühlt.

Zur Liebe gehören Grenzen und Deutlichkeit

Manchmal sieht es so aus, als ob diese Hauptaufgabe der Eltern im Widerspruch zu einer anderen wichtigen Aufgabe stünde, nämlich dem Kind Grenzen zu setzen; denn bei der Festlegung von Grenzen müssen sie doch Kraft und Entschlossenheit ausstrahlen, während Liebe und Wärme im Allgemeinen mit Nachsicht und Sanftheit in Verbindung gebracht werden. Liebe im umfassenden Sinne bedeutet aber auch: Sicherheit und Klarheit bieten, selbst wenn hierzu *entschlossenes Auftreten* nötig ist – was manchmal durchaus unangenehm ist.

Schließlich gehört zur Einrichtung eines warmen Nestes auch noch etwas, was in einem kurzen Spruch aus Australien folgendermaßen ausgedrückt wird: «Das Schönste, was man einem Kind geben kann, sind Wurzeln und Flügel.» Werden diese beiden Bereiche bereits in der Kindheit gleichermaßen gepflegt, indem man dem Kind sowohl Wärme, Eindeutigkeit und Sicherheit vermittelt als auch genügend Möglichkeiten bietet, die Welt zu entdecken, so wird man nicht so bald Gefahr laufen, in Extreme zu verfallen.

Alles zu seiner Zeit

Für die Entwicklung des Kindes ist es entscheidend, dass es jede einzelne Entwicklungsphase ausgiebig durchlaufen kann und dass es dazu genügend Zeit erhält. Jeder Entwicklungsschritt bedeutet eine Art Durchbruch, es ist immer wieder wie eine kleine Geburt.

Die Mitte finden zwischen verfrühter und verzögerter Entwicklung

Jeder weiß, dass die Schwangerschaft eine bestimmte Dauer haben muss, damit das Kind gesund zur Welt kommt. Dauert sie viel kürzer oder länger als vierzig Wochen, so entstehen Probleme, die bei der Geburt oft unmittelbar sichtbar werden.

Die Kunst des Erziehers besteht darin, den gesunden Mittelweg zwischen zu starker und zu geringer Anregung zu finden. Heute neigt man im Allgemeinen dazu, die Entwicklung des Kindes zu beschleunigen, wobei vor allem die intellektuellen Fähigkeiten angeregt werden. Das bedeutet eine Verarmung auf anderen Gebieten, die nicht ohne Folgen bleibt; denn schließlich braucht ein Mensch in seinem Leben noch andere Fähigkeiten als nur die intellektuellen.

Ein Kleinkind braucht Schutz

Der Erwachsene kann mit Hilfe seines Denkens seine *Wahrnehmungen* ordnen und zusammenfassen; er kann sich von der Welt distanzieren und so eine Art Schutzwand um sich bilden. Beim kleinen Kind dagegen geht jeder Sinneseindruck tief in sein Inneres und wirkt bis in die feinen Bildungen seiner Organe hinein. Daher betrachten die Fachleute einhellig die ersten drei Lebensjahre als die verletzlichste und am meisten prägende Phase der kindlichen Entwicklung, im Hinblick sowohl auf die spätere körperliche Gesundheit als auch auf das seelische Wohlbefinden. In diesen ersten Lebensjahren ist das Kind von seinen Eltern vollkommen abhängig. Sie geben ihm, was es braucht, und schützen es so gut sie können gegen unerwünschte Reize und Erfahrungen.

Die ersten Jahre: prägend für das ganze Leben

Ursprüngliche Erfahrungen ermöglichen

Für eine gesunde *Kleinkindphase* ist es wichtig, dass das Kind die Chance bekommt, genügend Erfahrungen zu sammeln, mit denen es aus seinen Möglichkeiten heraus etwas anfangen kann und die seine gesunde Entwicklung fördern.

Die Rolle der Sinnes-Erfahrungen

In erster Linie gehören dazu alle *natürlichen Sinneserfahrungen*, die das Kind über Augen, Ohren, Nase und Haut hat: es riecht den Duft des Waldes, es spürt den kalten Sand oder den rauen Stein, es beißt in einen Apfel, es lauscht dem Wind oder einem Vogel oder hört jemanden ein Lied singen. Zu diesen Erfahrungen gehört auch: hinfallen und wieder aufstehen, klettern, auf dem Dreirad das Gleichgewicht halten, mit Bausteinen einen hohen Turm bauen, sich mit großem Hunger an den Tisch setzen, nachdem man sich ausgetobt hat; nass werden und frieren, wenn es regnet, um sich dann im geheizten Zimmer zu wärmen; oder auch in Tränen auszubrechen, weil die Schwester das schöne Bilderbuch aus dem Schrank holen darf und man selber nicht.

Setzen Eltern es sich zum Ziel, dem Kind ausschließlich angenehme Erfahrungen zu vermitteln, hindern sie es an der Entwicklung seiner *sozialen Fähigkeiten*. Außerdem besteht die Gefahr, dass ein solches Kind die Intensität und die Herausforderungen einer Lebensweise vermissen wird, in der sich schöne und weniger schöne Erlebnisse abwechseln. Das kann dazu führen, dass es später unbewusst immer genussvollere Erfahrungen sucht, um diesen Mangel an intensiven Erlebnissen auszugleichen.

Selbstverständlich sind immer wieder Situationen unvermeidbar, die der Gesundheit nicht unbedingt zuträglich sind. Über Augen, Ohren, Haut, Mund und Nase nimmt das Kind heute manches auf, was eher dazu angetan ist, Krankheiten, z.B. Allergien, hervorzurufen. Da wir diese Dinge nicht aus der Welt schaffen können, ist es umso wichtiger, einen Ausgleich zu schaffen, indem wir dem Kind immer wieder ermöglichen, ursprüngliche Erfahrungen zu sammeln.

Keine Angst vor Fehlern!
Jedes Kind, aber auch jeder Vater und jede Mutter sind anders. Deshalb kann es keine Patentlösung für schwierige Situationen geben.
Wer sein Kind ausschließlich nach einer bestimmten Methode erzieht oder sich völlig von den Ansichten anderer Menschen leiten lässt, läuft Gefahr, das eigene Gefühl und die eigene Urteilskraft zu vernachlässigen. Dadurch werden die Eltern weder ihrem Kind noch sich selbst gerecht. Ein großer Teil der Erziehung besteht darin, das eigene Kind aufmerksam zu beobachten und zu sehen, wie es auf das, was man als Erzieher tut, reagiert, gleichzeitig aber auch den Blick auf sich selbst zu richten und zu lauschen, welche Bedürfnisse in einem selbst leben, sodass man diesen ebenfalls gerecht werden kann. Letztendlich kommt es in der Erziehung auf das *Tun* an, wobei alle Eltern Fehler machen werden. Für viele bedeutet Elternsein nun einmal ein Sprung ins kalte Wasser.
Erziehen heißt nicht in erster Linie, das Falsche zu vermeiden, sondern mutig den eigenen Weg einzuschlagen, so unsicher man vielleicht auch anfangs sein mag. Bei allem Bestreben, alles richtig zu machen, sind Fehler doch unvermeidlich. Die Kunst besteht darin, von den eigenen Fehlern zu lernen. Schließlich muss ja jeder das Elternsein von Grund auf lernen!

Vorbild und Nachahmung

Das «Wie» ist entscheidend!

Um entwickeln zu können, was in ihm angelegt ist, braucht das Kind ein Vorbild. Babys und Kleinkinder sind für alles, was in ihrer Umgebung geschieht, noch völlig offen. Sie ahmen alles, was wir tun, spielerisch, oft unbemerkt nach. Aus diesem Grund ist das elterliche Vorbild das Haupterziehungsmittel in den ersten Lebensjahren. Dabei wird von dem Kind nicht nur wahrgenommen, *was* die Erwachsenen tun, sondern auch *wie* sie es tun. Je stärker es

Dem Vorbild der Erwachsenen nacheifern: Bügeln

ihm gelingt, seine Handlungen mit Anteilnahme, Liebe und Freude zu verrichten, um so positiver wird die Wirkung sein. Das also sind die Herausforderungen an die Eltern. Aber keine Angst – kein Erwachsener verfügt von Anfang an über diese Fähigkeiten!

Jedes Kind hat sein eigenes Schicksal

Kinder aus derselben Familie sind häufig sehr *verschieden*. Erziehung und Vererbung sind nicht das allein Prägende. Das Kind bringt auch etwas Eigenes mit, das im Laufe der Kindheit immer deutlicher in Erscheinung tritt. Jeder Mensch hat sein eigenes Schicksal, in dem Veranlagungen, Begabungen und Unzulänglichkeiten sowie Krankheiten eine Rolle spielen. Bei dem einen Kind dominiert das strahlende, sonnige und unkomplizierte Wesen, bei einem anderen Kind dagegen können Krankheiten, starke Stimmungsschwankungen und andere Komplikationen das Leben prägen. Für das eine Kind hat man ganz unmittelbar ein sicheres Gespür, beim anderen dagegen zweifelt man immer wieder am eigenen erzieherischen Geschick. Die Erkenntnis, dass diese Schwierigkeiten wenigstens teilweise zum Schicksal eines solchen Kindes gehören, sollte die Eltern beruhigen und ihnen helfen, dies zu akzeptieren. Auch durch noch so liebevolle Zuwendung und gute Erziehung wird man nicht alle Probleme verhindern können, denen das Kind auf seinem Weg begegnen wird.

Zusammenfassung

- Liebe und Wärme, verbunden mit Eindeutigkeit und Grenzen, schaffen das Grundmilieu, in dem Ihr Kind am besten gedeiht.
- Versuchen Sie, die rechte Mitte zu finden zwischen zu starker und zu geringer Anregung, zwischen zu frühen und zu zurückhaltenden Anforderungen.
- Lassen Sie Ihr Kind *echte* Erfahrungen sammeln.
- Es gibt keine Patentlösungen in der Erziehung. Haben Sie den Mut, auch Fehler zu machen. Hören Sie auf Ihr Gefühl und Ihre Urteilskraft.
- Denken Sie immer daran: Das Kind ahmt alles nach, was Sie ihm vorleben.
- Jedes Kind hat seine persönlichen Eigenheiten. Auch Hemmnisse und Schwierigkeiten gehören u.U. zu ihm.

Wie fröhlich bin ich aufgewacht,
wie hab ich geschlafen die ganze Nacht.
Hab´ Dank Gottvater im Himmel mein,
dass du hast wollen bei mir sein.
Behüte mich auch diesen Tag,
dass mir kein Leid geschehen mag.

Kindergebet

Die Entwicklung des kleinen Kindes

Auch wenn sich die Entwicklung des Kindes prinzipiell nach bestimmten Gesetzmäßigkeiten vollzieht, können Zeitraum und Reihenfolge der Entwicklungsschritte individuell voneinander abweichen.

Das Schlüsselwort hierbei ist «Bewegung». Indem das Kind sich bewegt, lernt es sich selbst und die Welt kennen.

Und die Erfahrungen, die es dabei macht, helfen ihm, die drei Fähigkeiten zu erwerben, die es gegenüber dem Tier auszeichnen: aufrecht gehen, sprechen und denken. Im Laufe des Kleinkindalters wird es sich diese ur-menschlichen Fähigkeiten zu eigen machen; zum Teil entwickeln sie sich gleichzeitig, zum Teil nacheinander in der genannten Reihenfolge.

Die Menschen in der Umgebung des kleinen Kindes spielen für seine Entwicklung eine wichtige Rolle, an erster Stelle durch ihre *Vorbildfunktion*. Alle Bewegungsabläufe des Kindes zielen schließlich darauf hin, den Erwachsenen nachzuahmen. Um immer geschickter im Bewegen, Rennen, Klettern, Radeln, Werfen und Fangen zu werden, sollten dem Kind möglichst viele Gelegenheiten dazu geboten werden. Je vielseitiger das Angebot, desto gründlicher wird es sich alle entsprechenden Fähigkeiten aneignen.

Fünf Entwicklungsebenen

Der Übersichtlichkeit halber werden wir die Ausführungen über die kindliche Entwicklung in einzelne Kapitel aufgliedern, obwohl in den ersten Lebensjahren eigentlich alles mit allem zusammenhängt und man z.B. nicht genau zwischen psychischen und körperlichen Prozessen unterscheiden kann. Neben motorischer Entwicklung, Sprachentwicklung und Entwicklung des Denkens werden wir zusätzlich die sozial-emotionale Entwicklung und die Entwicklung des Willens betrachten. Dabei werden wir für jede Fähigkeit ein ungefähres Alter angeben. Es ist aber nicht gleich ein Grund zur Besorgnis, wenn das Entwicklungstempo eines Kindes etwas verzögert ist, wenn es z.B. sehr spät gehen lernt. Das liegt vielleicht nur daran, dass das Kind keine Eile hat; man sollte ihm ruhig Zeit lassen, denn meistens gibt es sich von alleine. Allerdings könnte es in Ausnahmefällen auch ein Zeichen einer gestörten Entwicklung sein, sodass ein zeitiges Eingreifen lebenswichtig ist. In jedem Fall sollten die ärztlichen Vorsorge-Untersuchungen regelmäßig durchgeführt werden.

Jedes Kind hat sein eigenes Tempo

Es ist nicht nur spannend zu verfolgen, *was* das Kind bereits alles kann; ebenso faszinierend ist es, zu beobachten, *wie* das Kind diese Schritte macht, denn auch darin drückt sich seine Eigenheit aus. Das eine Kind z.B. lernt zwar etwas später gehen, kann es dann aber von einem Tag auf den anderen in einer erstaunlichen Perfektion, während ein anderes Kind zwar sehr früh mit den ersten Gehversuchen anfängt, dafür aber das richtige Gehen erst nach vielen Misserfolgen beherrscht.

Körperliche Entwicklung

Die körperliche Entwicklung kann man deutlich an der sich verändernden kindlichen Gestalt ablesen.

- Das *einjährige* Kind hat noch ein wenig seinen Babykörper, obwohl es vielleicht schon stehen und gehen kann. Der Kopf ist im Vergleich zum übrigen Körper noch sehr groß: ein Viertel der gesamten Körperlänge. In diesem Alter hat das Kind noch keinen deutlich sichtbaren Hals; der große Kopf sitzt mehr oder weniger direkt auf dem Rumpf, der ganze Körper ist rundlich und weich, mit Pölsterchen an den Händen und Hautfalten am Handgelenk. Etwa mit *eineinhalb Jahren* tritt eine Veränderung ein. Die Körperverhältnisse verschieben sich allmählich, denn der Kopf wächst im Verhältnis zum übrigen Körper viel weniger schnell.
- Mit *zweieinhalb* Jahren beginnt sich die typische Kleinkindgestalt herauszubilden, die das Kind bis zum *fünften Lebensjahr* beibehalten wird. Der Kopf macht nun ein Fünftel der gesamten Körperlänge aus, der Hals wird schon ein wenig sichtbar, wodurch der Kopf bereits etwas freier vom Rumpf wird. Der Rumpf ist tüchtig gewachsen, die Beine allerdings noch nicht so sehr. Auffallend in dieser Altersphase ist der große rundliche weiche Brust- und Bauchbereich, in dem sich noch keine Taille abzeichnet.
- Nach dem *fünften Jahr* verlagert sich der Schwerpunkt des Wachstums auf Beine und Füße, deren Entwicklung im Vergleich zu Kopf und Rumpf etwas zurückgeblieben war, was man an den Füßen, die noch bis zum *vierten oder fünften Jahr* unausgestaltet sind, sehen kann; bis zum *fünften Lebensjahr* hat ein Kind ja von Natur aus platte Füße. Auch die Stellung der Beine ist noch nicht so, wie sie am Ende des Kindergartenalters sein wird. Etwaige Fehlstellungen sind ganz normal. Mit anderthalb Jahren haben viele Kinder O-Beine; danach verändert sich dies und um das *dritte Lebensjahr* herum bekommen viele Kinder X-Beine.

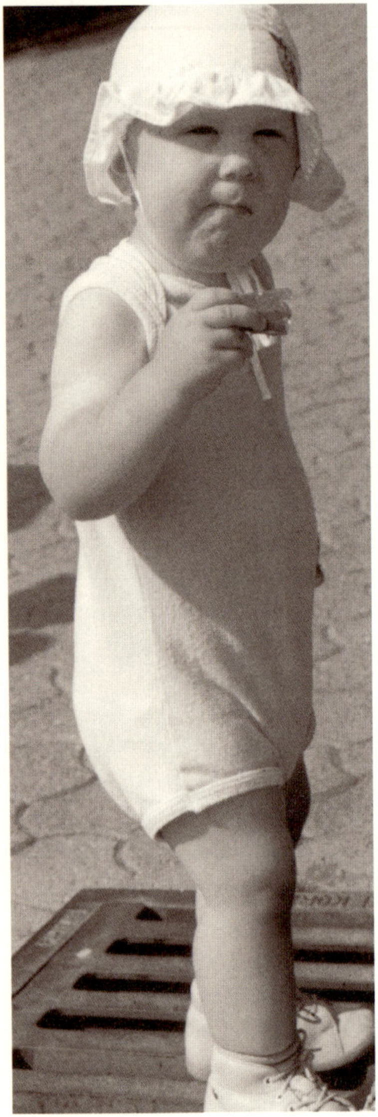

Auch Essen trägt zum Wohlbefinden bei

Bei Kindern steht das körperliche Erleben absolut im Mittelpunkt, sie haben ein großes Bedürfnis nach körperlichem Kontakt und wollen ihren eigenen Körper gründlich kennenlernen. Die Erziehenden können diesem Bedürfnis nachkommen, indem sie die körperliche Pflege gut und liebevoll ausführen, mit dem kleinen Kind schmusen und ihm die Chance geben, sich z.B. beim Baden von oben bis unten zu entdecken. In dem Kapitel über die so genannte sexuelle Entwicklung (siehe S. 77) werden wir noch ausführlich darauf eingehen. Darüber hinaus wird das Kind seinen Körper vor allem im Tun kennenlernen.

Motorische Entwicklung

Mit dem ersten Lebensjahr haben die meisten Kinder einen wichtigen Meilenstein der motorischen Entwicklung erreicht: Sie können stehen und sich am Laufstall und an den Möbeln entlang vorwärts schieben. Manche Kinder können bereits frei laufen. Das Kind lernt nun, sich immer geschickter zu bewegen. Zunächst richtet es sich in seinen Bewegungen nur nach dem, was sich vor ihm abspielt, aber allmählich entwickelt es auch ein Gefühl für das, was sich seitwärts von ihm befindet und schließlich auch für das im Raum hinter ihm. In dieser Periode neigt das Kind dazu, seine Bewegungen symmetrisch auszuführen und rechte und linke Hand abwechselnd gleich oft zu gebrauchen.

Vom dritten Jahr an entwickelt sich eine Präferenz für Rechts oder Links, dieser Prozess wird *Lateralisierung* genannt. Das Bewegungsmuster wird nun asymmetrisch, so versucht das Kind z.B. auf einem Bein zu stehen. Diese Präferenz für Rechts oder Links beschränkt sich nicht auf Hände und Beine, sondern

betrifft auch Augen und Ohren. In den meisten Fällen bedeutet dies, dass ein dreijähriges Kind entweder rechtshändig und rechtsbeinig, oder linkshändig und linksbeinig ist; auch Mischformen kommen vor; Kinder sind z.B. rechtshändig, aber linksbeinig. Auch bei Augen und Ohren wird eine Seite dominant. Das zeigt sich beispielsweise darin, dass ein Kind den Telefonhörer immer an das gleiche Ohr hält. In dieser Altersphase entwickelt sich auch die *Feinmotorik*. Um das erste Jahr herum ist das vor allem daran zu erkennen, dass das Kind alles betastet und befühlt und kleine Gegenstände zwischen Daumen und Zeigefinger ergreift. Nach und nach lernt es Bausteine aufzustapeln, mit Löffel oder Gabel zu essen, selbstständig aus einem Becher zu trinken und z.B. Schnürsenkel und Knöpfe aufzumachen. Um das vierte Jahr herum hat die Feinmotorik sich so weit entwickelt, dass das Kind imstande ist, sich selbst anzuziehen oder eine Eisenbahn zu bauen.

Je vielseitiger das Angebot an Bewegungsmöglichkeiten ist, desto geschickter wird ein Kind mit seinem Körper umzugehen lernen.

Ein Moment zum Nachdenken

Das kindliche Sich-Bewegen könnte man als ein *Umgehen-Lernen mit der Schwerkraft* bezeichnen. Das Kind lernt, sich entgegen der Schwerkraft aufzurichten. Damit es alle Bewegungen richtig ausführt, müssen die Sinne gut koordiniert zusammenarbeiten. Beim Erwachsenen ist diese Art Zusammenarbeit so weit entwickelt, dass er nicht darüber nachdenkt, dass an jeder Bewegung mehrere Sinne beteiligt sind. Aus dem Augenwinkel heraus sieht er die Türschwelle, und wie von alleine hebt er den Fuß ein wenig, um nicht zu stolpern. Laufen und gleichzeitig etwas festhalten, laufen und sich umsehen, einen Ball kicken, ohne umzufallen, das sind Fertigkeiten, die für den Erwachsenen selbstverständlich sind, die ein Kind aber im Tun mühsam erwerben muss.

Sprachentwicklung

Die Sprachentwicklung kommt gewöhnlich zwischen dem ersten und zweiten Lebensjahr so richtig in Gang. Im ersten Lebensjahr hat man den Boden dafür bereitet, indem man mit dem Kind geredet und Liedchen gesungen hat.

Phase I:

Die musikalisch-rhythmische Periode

Das erste Lebensjahr wird manchmal als die *musikalisch-rhythmische Periode* bezeichnet, weil das Kind in dieser Zeit vor allem eine Affinität zum musikalischen, melodischen und rhythmischen Element in der Sprache hat und noch nicht so sehr zu der Bedeutung der Wörter. Auch nach dieser Zeit bleibt diese Affinität bestehen, aber darüber hinaus entwickelt sich ein mehr verbales Interesse, wobei das Kind viele Wörter begreifen und auch anwenden lernt.

Überall auf der Welt verfügen Säuglinge über eine identische, allgemein geltende Babysprache, das Lallen. Erst danach wird die Muttersprache angelegt, und das Lallen spezialisiert sich, d.h. nur diejenigen Laute bleiben bestehen, die das Fundament der Muttersprache bilden.

Die allerersten Wörtchen, die das Kind lernt, beziehen sich auf die Menschen, Gegenstände und Handlungen der direkten Umgebung, wie Papa, Mama, Mieze, bum, Ball usw. Zunächst werden diese noch ganz unkenntlich ausgesprochen und sind häufig nur für Insider auf Anhieb verständlich. Nach und nach erweitert das Kind seinen Wortschatz und kann in Worten ausdrücken, was es uns deutlich machen will.

Manchmal geht diesem Durchbruch eine Periode voran, in der sich das Kind bereits mit Worten ausdrücken möchte, aber es noch nicht schafft. Das ist vielleicht manchmal der Grund, warum es vorübergehend ungeduldig und quengelig ist, bis es schließlich dann doch gelingt, Wollen und Können stärker miteinander in Übereinstimmung zu bringen.

Phase II:

Nach der Phase der einzelnen Wörter, also gegen Ende des zweiten Lebensjahres, beginnt das Kind in kurzen Sätzen zu reden und betritt somit ein neues Gebiet der Sprache. Bei der Satzbildung hat man es nämlich mit Sprachstrukturen zu tun, die ihren Niederschlag in einer großen Anzahl grammatikalischer Regeln gefunden haben. Ein Kind ist sich natürlich dieser Regeln nicht direkt bewusst, aber durch das gute Vorbild und indem es selbst «herumexperimentiert», bekommt es allmählich ein Gefühl dafür. *Gute Beherrschung der Muttersprache und ein reicher Wortschatz sind die wichtigsten Voraussetzungen für ein differenziertes Begriffsvermögen und den Erwerb eines nuancierten Denkens.*

Sprache als Spiegel der Denkentwicklung

Anhand der Wörter, die ein Kind anwendet, kann man sich ein Bild davon machen, was es von der Welt begreift. Zunächst entdeckt das Kind, dass jeder Gegenstand einen Namen hat; in diesem Zeitraum besteht seine Sprache ausschließlich aus *Substantiven*. Auf diese Weise zeigt es uns, dass es mit den Dingen lebt, die es sieht, die also «sind». Indem das Kind anfängt *Verben* zu gebrauchen, zeigt es uns, dass es nun auch das Aktive, das Werdende erfasst. Zum ersten Mal erwacht in dem Kind eine Ahnung, was Zeit ist. Wenn auf die Verben die *Adjektive* folgen wie schön, groß, schwer usw., so vermittelt es uns, dass es sich mit den Nuancen und Qualitäten der Dinge beschäftigt. Wenn ein Kind im dritten Lebensjahr dann «ich» zu sich selbst sagt und allmählich zwischen ich und du, mein und dein unterscheidet, können wir daraus schließen, dass es nun spürt, dass der andere Mensch eine selbstständige Person ist, die von ihm abgesondert, für sich besteht (*Pronomina*). Schließlich wird das Kind immer häufiger sogenannte *abstrakte Begriffe* in seine Sprache aufnehmen z.B. «gestern und morgen», «zuerst und dann».

Einige Tipps zur Förderung der Sprachentwicklung:

- Beim Erlernen der Sprache ist ein gutes *Vorbild* das Wichtigste. Am wirksamsten ist es, wenn der Erwachsene alles, was er tut mit Sprechen begleitet und auf diese Weise dem Kind in Worten vermittelt, was es sieht und erlebt: Indem man dieses pflegt und selbst seine Freude daran hat, hilft man dem Kind, die Wörter, die es lernen will, richtig auszusprechen. Spricht man dagegen mit dem Kind in einer verniedlichenden Weise, beginnt es instinktiv, sich dagegen aufzulehnen.
- «Sanfte Korrektur»: Wenn das Kind bestimmte Wörter falsch ausspricht oder Sätze nicht richtig bildet, ist es hilfreich, das Gesagte noch einmal deutlich, aber ohne viel Nachdruck zu wiederholen. Ein Kind lernt das Sprechen am leichtesten in einer Umgebung, in der es sich sicher fühlt. Auch ist es sehr empfindlich dafür, wie die Erwachsenen auf seine Sprechversuche reagieren.
- Das Kleinkind besitzt ein ausgeprägtes Gefühl für das musikalische Element in der Sprache und übernimmt vor allem die Intonation, mit der etwas gesagt wird. Kinder lieben Sprüche und Reime, weil hier das melodische Element viel ausgeprägter ist als in der Umgangssprache.
- Ein Kind wird sich besser äußern und mit anderen Menschen austauschen können, wenn es erlebt, dass man ihm *wirklich zuhört*, auch dann, wenn es über seine Worte stolpert oder sich in seinem Satz verheddert. Oft weiß man allein schon durch die Gebärden, die das Kind macht, was es sagen will, und die Kunst besteht nun darin, dennoch geduldig zu warten, bis es von alleine auch den sprachlichen Ausdruck findet. Auch einem anderen Menschen aufmerksam zuhören muss in der Kinderzeit geübt werden. Fortwährende Hintergrundgeräusche von Radio, CD-Spieler oder Fernseher stören diesen Prozess, weil sich das Kind dadurch von klein auf daran gewöhnt, einfach weiter zu plappern und laut zu reden, auch wenn in seiner Umgebung jemand spricht.

Entwicklung des Denkens

Das Erste, was ein Kind auf dem Weg zum Denken entwickeln muss, sind Wahrnehmen und Wiedererkennen. Am Ende des ersten Lebensjahres ist in dieser Hinsicht schon Beträchtliches geleistet.

Wir können sagen, dass über die Wahrnehmung ein Teil der Außenwelt in die Innenwelt des Kindes einzieht. So nimmt ein Kind von klein auf mit all seinen Sinnen sehr viele Wahrnehmungen in sich auf, die zu inneren Bildern werden.

Wahrnehmen und Wiedererkennen als Basis des selbstständigen Denkens

Das kleine Kind würde ständig jede Wahrnehmung als vollkommen neu und unbekannt erleben, wenn sich nicht die Fähigkeit des Wiedererkennens als erster Ansatz der Erinnerung heranbilden würde. So erkennt es nach und nach die Rassel, den Teller mit Essen oder den Hund, dem es zum vierten oder fünften Mal begegnet, wieder. Zunächst sind es nur vereinzelte Wahrnehmungen, aber je mehr Dinge das Kind wiedererkennt, desto stärker passen die Vorkommnisse in ein größeres Bild hinein. Auf diese Weise lernt das Kind allmählich den Zusammenhang der Dinge begreifen. Die Tür des Kinderzimmers geht auf, Vater oder Mutter kommen herein, und das Baby macht durch sein strahlendes Lächeln deutlich, dass es begreift, was jetzt kommt. Der nächste Schritt wird sein, dass das Baby dem Hereintretenden seine Arme entgegenstreckt und also auch aktiv zeigt, was es erwartet. In dieser Art des Erfassens der Dinge zeichnet sich der erste Ansatz der Kombinationsfähigkeit und des Denkens ab.

Das Kleinkind untersucht selbst die Umgebung und macht seine Entdeckungen. Es erkennt allmählich Zusammenhänge und seine Wiedererkennungsfähigkeit verfeinert sich. Diese Art des Denkens bleibt bis zum vierten oder fünften Jahr an die sichtbare Wirklichkeit und den Lebensbereich des Kindes gebunden. Erst dann erwirbt es sich die Fähigkeit, selbstständig Gedanken zu bilden, ohne gleichzeitig etwas Konkretes zu sehen, das sich auf diese Gedanken bezieht.

Neben den Sinneswahrnehmungen stellt die *Sprache* eine wichtige Anregung für die Entwicklung des Denkens dar. Indem das

Kind nämlich die Gegenstände in seiner Umgebung zu benennen lernt, wird die Entwicklung des Denkens in Gang gebracht.

«Denken» heißt also zunächst: Das Kind verknüpft die Begriffe, die es beherrscht, miteinander. Erst lernt es z.B., wer «Papa» ist, dann, was «Bad» ist. Anschließend gelingt es ihm die Worte «Papa» und «Bad» zueinander in Beziehung zu setzen. Jetzt ist es imstande, den Satz «Papa Bad» zu bilden. Es lernt also mit den erlernten Worten und Begriffen umzugehen und sie auf diese Weise zu begreifen und zu denken. Das Wort «Gedankengang» drückt genau das aus, was hier gemeint ist: Beim Denken legen wir einen Weg zurück. Bei kleinen Kindern ist der Weg, wenn sie laut denken, manchmal Schritt für Schritt zu verfolgen.

Das sogenannte «magische Bewusstsein»

Die Innenwelt des Kleinkindes wird nicht nur dadurch mit Leben und Farbe erfüllt, dass die tägliche Wirklichkeit über die Sinne zur seelischen Erfahrung wird, sondern auch durch das sogenannte «magische Bewusstsein», das für dieses Alter charakteristisch ist: Es lebt in Bildern und Realität und Phantasie gehen Hand in Hand. Hexen, Riesen, Zwerge und Engel bevölkern dieses magische Reich der Kinder und sind Realitäten für sie. Der Blick des Erwachsenen kann manchmal gerade noch etwas von dieser Welt erhaschen, aber meistens fällt es ihm schwer, sich davon ein Bild zu machen. Irgendwann während der Kindheit versinkt diese magische Welt. Bei manchen Kindern vollzieht sich dieser Vorgang allmählich, sodass der Erwachsene es kaum bemerkt; bei anderen kommt es zu einem jähen Ende.

Während dieser Phase, in der das Kind Zusammenhänge zwischen den Dingen erkennen lernt, ist ein *rhythmischer und vorhersehbarer Tagesablauf* eine große Stütze für das Kind. Je intensiver dieser gepflegt wird, desto stärker ist der Halt und die Sicherheit, die man dem Kind gibt.

Sich in die mythische Welt versetzen

Die Eltern sollten dieses magische Bewusstsein ihres Kindes respektieren und auf die richtige Weise damit umgehen. Indem sie in Zwergen, Riesen, Engeln, sowie Sankt Nikolaus Glieder einer Welt sehen, die sie selbst verloren haben, können sie den Zugang zu ihr neu finden, und das Kind fühlt sich verstanden.

Sozial-emotionale Entwicklung

Die Grundlage der sozial-emotionalen Entwicklung ist das *Gefühlsleben.* Die wichtigste Eigenschaft der Gefühle besteht darin, dass diese immer zwischen zwei Polen hin- und herpendeln: angenehm – unangenehm, heiter – betrübt, schön – hässlich. Jedes Gefühl ist irgendwo auf der Skala zwischen diesen Extremen von Sympathie und Antipathie angesiedelt und immer an elementare Erfahrungen von Lust und Unlust gekoppelt. Bei kleinen Kindern dreht sich alles noch in erster Linie um körperliches Wohlbehagen oder Unbehagen. Im Laufe der Kindergartenzeit lösen sich diese Gefühle bereits ein wenig vom eigenen Körper und treten in eine Wechselbeziehung mit der Umgebung.

Die Phasen im Einzelnen:

Turbulent: die Trotzphase

- Bei der Betrachtung der sozial-emotionalen Entwicklung des Kleinkindes können wir einen Wendepunkt um die Zeit herum wahrnehmen, in der das Kind anfängt, sich selbst als «Ich» zu bezeichnen, d.h. zwischen zweiundeinhalb und drei Jahren.
- Ein Kleinkind fühlt sich in der Phase, bevor es «ich» sagt, eins mit der Welt in all ihrer Vielfalt. So lebt es alles Freudige, aber auch alles Traurige in seiner Umgebung unmittelbar mit und reagiert entsprechend. Dieses Wechselbad der Gefühle ist vor allem für kleine Kinder ganz typisch. Um das weinende Kind wieder zum Lachen zu bringen, reicht oft ein wenig Humor oder Ablenkung.
- Ein allererster Schritt auf dem Weg zur Selbsterkenntnis ist der bereits genannte Zeitpunkt, in dem das Kind anfängt «ich» zu sich selbst zu sagen. Es fühlt

sich nicht länger eins mit der Welt, sondern beginnt sich nun als «Ich» gegenüber der Welt und den anderen Menschen zu empfinden. Das ist ein völlig unbekanntes Gefühl. Indem es zu allem «Nein» sagt, ruft es diese Empfindung immer wieder aufs Neue in sich wach, bis diese auch ohne Neinsagen in ihm präsent bleibt. Damit geht dann die sogenannte *Trotzphase* zu Ende.

- Im nächsten Zeitabschnitt, der etwa um das dritte Lebensjahr herum anbricht, stehen Ja- und Nein-Sagen gleichwertig nebeneinander. Die Kinder werden kooperativer und bekommen ein Gefühl für Regeln. Wenn dann das Kindergartenalter beginnt, ist das Kind so eigenständig geworden, dass es sich in einer Gruppe behaupten kann und auch das Bedürfnis hat, mit anderen Kindern zu spielen.

Sehnsucht nach der verlorenen Ganzheit

Alle Kinder haben eine starke, oft auch im Sozialen wirksame Kraft in sich, nämlich die Sehnsucht, dass die sie umgebende Welt «heil» sei: Ein kaputter Gegenstand muss repariert werden; fehlt ein Familienmitglied am Tisch, so soll dieses geholt werden; ein Streit muss geschlichtet, ein anderer in seinem Kummer getröstet werden. Allerdings kommt es uns in der Neinphase bisweilen vor, als ob diese Kraft von einer anderen Kraft erstickt würde, die jedes Kind ebenfalls in sich hat, nämlich von dem Drang, alles zu untersuchen und kaputt zu machen, zu experimentieren und die von den Eltern gezogenen Grenzen zu überschreiten. Gerade in dieser Altersphase sollten Eltern immer auch die andere, positive Seite des Kindes vor Augen haben und anregen.

Umgang mit Problemen und Enttäuschungen

In einer Familienkultur, in der die Fähigkeit des Zuhörens sowie Respekt vor den Mitmenschen im Mittelpunkt stehen und in der mit den Dingen im und um das Haus sorgfältig umgegangen wird, wird die soziale Kraft des Kindes auf eine selbstverständliche Weise gepflegt. – Schließlich ist es für die Entfaltung sowohl eines gesunden Gefühlslebens und der sozialen Fähigkeiten von Bedeutung, dass das Kind lernt, Probleme, Widerstände und Enttäuschungen des alltäglichen Lebens zu verarbeiten. Dazu gehören: warten und mit anderen teilen können, umgehen mit Eifersucht und mit Dingen, die nicht gelingen.

Mein Kind hat Angst – Wie gehe ich damit um?

Ein Gefühl, das jedes Kind kennt, ist Angst. Um das erste Lebensjahr herum tritt diese zum ersten Mal auf als *Scheu vor Fremden* und als *Trennungsangst*. Wie stark diese Angstgefühle sind, ist von Kind zu Kind verschieden. Auf jeden Fall deuten sie auf eine Bewusstseinsveränderung hin. Der Nicht-Erzieher wird nun als fremder Mensch erkannt und als solcher abgelehnt. Das Kind hat in dieser Zeit ein großes Bedürfnis nach Geborgenheit, die ihm durch die vertraute Umgebung geboten wird. Dadurch wird auch etwas von dem ganz besonders innigen Band sichtbar, das zwischen dem Kind und demjenigen entsteht, der es betreut. Je tiefer sich das Kind an jemanden binden kann, desto stärker wird es sich im späteren Leben geborgen wissen, und spätere Angstgefühle, die fast allen, auch älteren Kindern, zu schaffen machen, werden dann meistens nicht solche extremen Formen annehmen.
Das Entstehen von Angst wird auch durch die Entwicklung der *Fantasie* beeinflusst. Etwa um das dritte Jahr herum kann man erste zaghafte Anzeichen ihres Erwachens bemerken: Eine Zeitung wird z.B. auf einmal ein Zelt, wenn man den Kopf darunter steckt. Zusammen mit der Fantasie kommt auch die *Erinnerungsfähigkeit* in Gang. Diese Kombination bewirkt, dass Vorfälle, die tagsüber passiert sind, nachts groteske Formen annehmen können, die das Kind ängstigen (siehe auch S. 117).
Schließlich kann ein Kind dann auch ängstlich werden, wenn ihm *zu wenig Grenzen* gezogen werden und es also mehr oder weniger die Regie im Haus führt. Oft handelt es sich dabei um Kinder, die es schwer haben, Grenzen zu akzeptieren und zu gehorchen, oder die sich gerne aufspielen, jedoch eigentlich, wie ihre Eltern oft schildern, äußerst verletzlich und ängstlich sind.

Einige Tipps für Eltern und Erzieher:

Wie kann die Erziehung die sozial-emotionale Entwicklung des Kindes fördern?

- Mit der *Nestwärme* schafft man hierzu die wichtigste Voraussetzung. Das Kind fühlt sich geborgen, erkundet neugierig seine Umgebung und baut nach und nach sein Selbstvertrauen auf im Umgang mit etwaigen Widerständen.
- Auch das *Vorbild*, das Sie selbst geben, spielt hierbei eine bedeutende Rolle. Das Kind reagiert stark auf die Stimmung in seinem Umfeld. Können Sie selbst das, was Sie tun, bejahen und sind Sie mit Freude dabei, so verstärken Sie das bejahende Gefühl beim Kind. Hilfreich ist es, die Wohnung so einzurichten, dass das Kind nach Herzenslust spielen kann und nicht ständig ein «Nein» zu hören bekommt.
- Auch beim Umgehen-Lernen mit *Widerständen und Frustrationen* benötigt das Kind das elterliche Vorbild. Wenn es erlebt, wie Sie mit einer schwierigen Situation in aller Gelassenheit umgehen, wirkt das anders, als wenn Sie beim geringsten Anlass aufbrausen oder umgekehrt jedes Problem beiseite schieben, weil es Ihnen lästig ist. Versuchen Sie sich selbst und der Situation gerecht zu werden. Gelingt es Ihnen, Schwierigkeiten und Enttäuschungen in etwas Sinnvolles zu verwandeln, so wirkt sich das positiv auf das kindliche Gefühlsleben aus, es wird reicher und vielschichtiger. Ein solch *ausgewogenes Gefühlsleben* bildet im späteren Leben eine feste Grundlage, um das, was auf einen zukommt, verarbeiten zu können, denn das Gefühl spielt in diesen Prozessen ja immer eine zentrale Rolle.
- Außer der warmherzigen Umgebung und dem guten Vorbild ist wichtig, dass Sie gut *hinhören* und herauszufinden versuchen, was sich in dem Kind abspielt und vor was es sich z.B. fürchtet. Indem Sie das Problem in Worte kleiden, ist der erste Schritt zur Lösung der Probleme und Ängste des Kindes getan.

Nestwärme ...

- Eine «*feste Hand*» in der Erziehung wirkt sich positiv auf die Entwicklung von sozialen Fähigkeiten aus. Allerdings führt ein zu strenges Regime dazu, dass das Kind sich zu stark den Forderungen der Eltern anpasst und zu folgsam wird, weil es die Liebe seiner Mitmenschen nicht aufs Spiel setzen möchte. Was es statt dessen vielleicht aufs Spiel setzt, ist die gesunde Eigenliebe.
- *Zu wenig Führung* fördert das Kind aber genau so wenig, weil es sich daran gewöhnt, einfach nur noch das zu machen, wozu es selbst Lust hat. Es wird ängstlich, weil es eine sinnvolle Führung der Erzieher vermisst.
  Schaffen die Eltern es, zwischen diesen beiden Extremen einen Mittelweg zu finden, so wird das Kind imstande sein, soziale Regeln zu befolgen. Somit wird sich sein Gewissen auf Grund des eigenen Verantwortungsgefühls entwickeln können.

- Auch in den darauf folgenden Altersphasen ist eine *gesunde Autorität* von größter Bedeutung. Will man, dass das Kind soziale Fähigkeiten entwickelt, muss es lernen, zu gehorchen; falls ihm dies nicht gefällt, wird es sich daran gewöhnen müssen, sich zu beherrschen. Ein Kind, das ein inniges Band zu seinen Eltern hat, wird eher zum Gehorsam neigen und sich beherrschen lernen, als ein Kind, das eine gestörte Beziehung zu seinen Eltern hat. Ist das Verhältnis gut, wird das Kind durch Gehorsam keineswegs zum Duckmäuser, sondern wird es auch wagen, seinen Eltern Widerstand zu leisten, was ihm wiederum Gelegenheit bietet, sich selbst gründlich kennenzulernen.

Willensentwicklung

Mit dem Willensleben des Kindes wird man als Erzieher auf Schritt und Tritt konfrontiert, denn der Wille wendet sich immer nach außen auf das *Tun*, im Gegensatz zum Denken, das sich im Innern des Kindes abspielt.

Bis zum vierten Jahr wird der Wille vor allem durch das Triebmäßige bestimmt. Das Kind ist in diesem Alter noch nicht so weit, dass es seine Willenskraft selbst lenken kann. In erster Linie ist es das *Vorbild* der Menschen seiner engsten Umgebung, das im Tun und Lassen des Kleinkindes für Ordnung sorgt.

Nicht zu früh an die Entscheidungsfähigkeit des Kindes appellieren

Ein Beispiel soll dies verdeutlichen. Was passiert z.B., wenn man ein kleines Kind fragt, welchen Belag es aufs Brot will? Eigentlich möchte es *alles* haben, denn es kann mit solchen Wahlmöglichkeiten noch gar nicht umgehen. Diese Art Situation führt nur zu zermürbendem Tauziehen und Wortgefechten. An die *Entscheidungsfähigkeit* des Kleinkindes darf man sich aus dem einfachen Grund nicht wenden, weil es sie noch gar nicht hat. Appelliert man zu früh daran, so geht das auf Kosten seiner Vitalität, und gerade das sollte man in dieser Phase, in der es vor allem um den gesunden Aufbau des Körpers geht, um jeden Preis vermeiden.

Das bedeutet, dass die Eltern selbst Entscheidungen treffen müs-

Wenn sich der Eigenwille kräftig meldet: die Trotzphase

Eine ganz besonders beeindruckende triebmäßige Willensperiode ist die sogenannte *Trotzphase*. Das Kind zeigt uns, dass es einen eigenen Kopf hat. Bei näherer Betrachtung wird deutlich, dass es im Grunde *Opfer* seines eigenen Kopfes ist. Seine Dickköpfigkeit ist eigentlich nur der äußere Ausdruck eines inneren Kampfes, durch den sich das Kind bisweilen selber innerlich völlig blockiert. Nicht im Entferntesten kann hier von freiem menschlichem Willen die Rede sein!

Da das Kleinkind noch nicht über diesen freien Willen verfügt, wird es auf eine vehemente Forderung des Erwachsenen nur mit negativem Verhalten reagieren. Auf den ersten Blick scheint seine Reaktion Unwillen auszudrücken oder auf innere Taubheit schließen zu lassen, aber eigentlich ist es an erster Stelle ein Zeichen des kindlichen Ohnmachtgefühls. Solche Konfliktsituationen werden seltener auftreten, wenn die kindliche Umwelt so eingerichtet ist, dass das Kind sich in einer guten Stimmung aufgehoben fühlt und in der Erziehung besonders das betont wird, was das Kind machen darf.

Zauberworte sind: *gute Gewohnheiten* und *eindeutige Grenzen*.

Gerade in der Trotzphase brauchen die Eltern unglaublich viel Geschick im Umgang mit den Kindern (siehe auch S. 130).

sen, und zwar auf der Grundlage dessen, was ihnen selbst als das Beste für das Kind erscheint. Das ist nicht einfach und für viele Eltern keinesfalls selbstverständlich, denn sie empfinden es als viel angenehmer, wenn sie zusammen mit ihrem Kind überlegen und es in seinen Entscheidungen frei lassen, statt ihm ständig Grenzen zu setzen. Eltern müssen eben lernen wahrzunehmen, was für das eigene Kind das Beste ist. Sie müssen es wagen, ihre *elterliche Autorität* anzuwenden in der Überzeugung, dass sie dadurch dem Kind Geborgenheit und Sicherheit bieten, so unsicher sie sich in Wirklichkeit auch fühlen mögen.

Am Birnbaum sitzt mein Töchterchen im Gras;
die Märchen liest sie, die als Kind ich las;
ihr Antlitz glüht, es ziehn durch ihren Sinn
Schneewittchen, Däumling, Schlangenkönigin …

Emanuel Geibel

Erziehung als Kunst

Da das Kind noch ganz offen ist und sein *Nachahmungsdrang* außerordentlich stark, müsste im Grunde das gute *Vorbild*, das man dem Kind gibt, ausreichen, um ein guter Erzieher zu sein.

Dennoch kommen viele Situationen vor, in denen das Kind den Erwachsenen nicht nachahmt. Ein Kind, das sich z.B. weigert, das Zähneputzen zu lernen, wird es auch dann nicht tun, wenn der Erwachsene es vormacht. Versucht man, sein Ziel durch dominantes Auftreten und Schimpfen doch noch zu erreichen, so verschlimmert sich die ganze Sache nur noch. Auch wenn ein Kind sich weigert zu essen, zu schlafen oder sauber zu werden, fühlen wir uns machtlos.

Wie geht man mit einem Kind um, bei dem weder ein gutes Vorbild noch Strenge wirken? Als Antwort auf diese Frage werden wir im Folgenden einige Aspekte der Erziehung erörtern, die beim Umgang mit dem Kleinkind im Vordergrund stehen.

Zuwendung

Kinder brauchen sehr viel *Zuwendung und Aufmerksamkeit* auf allen möglichen Gebieten. Schon aus Sicherheitsgründen darf man das kleine Kind keinen Augenblick unbeaufsichtigt lassen. Bei einem dreijährigen Kind, das mögliche Gefahren schon einigermaßen einschätzen kann, ist die ständige unmittelbare Nähe der Eltern vielleicht nicht mehr so notwendig wie beim einjährigen, trotzdem werden die Eltern auf jeden Fall über gute «Antennen» verfügen müssen. Durch diese gefühlsmäßige Verbindung mit dem Kind können sie z.B. plötzlich die Eingebung haben: «Jetzt muss ich doch einmal nachsehen, was es macht.» Oft stellt sich dann heraus, dass dieses Gefühl der Unruhe richtig war. Vielleicht isst das Kind gerade in diesem Augenblick eine ganze Packung Kekse auf; vielleicht beschmiert es die Badezimmerwand mit Zahncreme,

Eltern brauchen «Antennen»

Ein Moment zum Nachdenken

Nicht nur aus Sorge um seine Sicherheit sollten wir uns einem Kind zuwenden. Es braucht unser aufrichtiges *Interesse* und unsere *Zuwendung* um seiner selbst willen, ohne dass es extra darum bitten muss. Unser Tun und Lassen sollte ständig von diesem Interesse durchdrungen sein. Auch bei alltäglichen Handlungen wie dem Wickeln sollte das Kind unsere liebevolle Fürsorge wahrnehmen können. Kleine Gesten wie über den Kopf streicheln oder mit ihm schmusen wird das Kind immer genießen.

Eigentlich gibt es im Leben der Familie vieles, dem die Eltern *Aufmerksamkeit* schenken sollten. Es ist eine hohe Kunst, seine Aufmerksamkeit auf die verschiedensten Dinge zu richten und trotzdem keinen einzigen Bereich zu vernachlässigen. Das will gelernt sein. In Familien, in denen dieses noch nicht so richtig gelingt, bestimmt oft das kleine Mädchen oder der kleine Junge, was im Mittelpunkt des Interesses steht, nämlich seine eigene kleine Person.

dabei den Papa nachahmend, der am Vortag die Wände des Schuppens getüncht hat. Je stärker die Eltern diese Art Sensoren entwickelt haben, desto größer kann der Spielraum sein, den sie ihren Kindern geben, um die Welt zu entdecken und nach Herzenslust zu spielen.

Auch kleine Kinder wollen schon mit Leib und Seele im Haushalt mithelfen.

Eile und innere Anteilnahme passen nicht zusammen. Meistens ist die Welt der Erwachsenen so eingerichtet, dass wir immer, bewusst oder unbewusst, ein bestimmtes Ziel vor Augen haben und dass der Weg, der zu diesem Ziel führt, von nebensächlicher Bedeutung ist und häufig in Eile zurückgelegt wird.

Das Kleinkind ist noch in einer ganz anderen Welt zu Hause. Wollen wir z.B. einkaufen gehen, so ist für uns das Anziehen der Jacke Nebensache, die wir ganz gedankenlos ausführen. Für das Kind hingegen ist diese Aktivität in diesem Augenblick das einzig Wichtige, und ob das nun eine oder fünf Minuten dauert, ist ihm völlig egal. Real für das Kind ist, dass es *selbst* seine Jacke anziehen will und mit Leib und Seele bei dieser Tätigkeit dabei ist.

Es ist sehr gut möglich, dem Kind die nötige Zuwendung zukommen zu lassen und gleichzeitig den Haushalt zu versorgen. Viele Eltern neigen dazu, die häusliche Arbeit schnell irgendwann zwischendurch zu erledigen, damit das Kind nicht zu kurz kommt. Aber gerade der Haushalt bietet dem Kind *vielerlei Möglichkeiten zum Entdecken und Nachahmen*. Wie herrlich ist es, wenn im Laufe des Tages viele Arbeiten anfallen, bei denen das Kind mithelfen darf. Da man aber natürlich nicht alles mit dem Kind zusammen machen kann, ist es ratsam, zwischen Zeiten des gemeinsamen Schaffens und Zeiten, in denen jeder etwas für sich tut, abzuwechseln.

Gewöhnung an Rhythmus und feste Zeiteinteilung

Bei einem Kleinkind, das daran gewöhnt ist, viel Aufmerksamkeit zu fordern und auch zu bekommen, wird es am Anfang gar nicht leicht sein, einen solchen *Rhythmus* einzuführen. Eine derartige Zeiteinteilung wird uns zunächst auch nur für kurze Zeit gelingen, denn einen größeren Spannungsbogen verkraftet das

Kennen Sie folgendes Problem:
Wie kann ich meine eigenen Bedürfnisse in Einklang bringen mit denen des Kindes? Kaum ein Kind kann es ertragen, dass Vater oder Mutter immerzu lesen, studieren, fernsehen oder telefonieren, denn bei diesen Aktivitäten gilt die Zuwendung des Erwachsenen Bereichen, zu denen das Kind keinen Zugang hat. Das ist dagegen nicht der Fall bei Stricken, Bügeln, handwerklicher Arbeit oder Gartenarbeit, denn das sind Tätigkeiten, in die man *das Kind miteinbeziehen* kann. Wer diese praktischen Arbeiten nicht mag und lieber liest und studiert, wird oft frustriert sein. Vielleicht bietet sich durch einen Spielnachmittag in einer anderen Familie oder mit einem Babysitter eine Lösung an, so dass Raum für die eigenen Bedürfnisse geschaffen wird.

Kind noch nicht. Versuchen Sie ihm den Übergang zwischen der gemeinsamen Aktivität und der Zeit, in der es alleine spielt, schmackhaft zu machen, indem Sie z.B. sagen: «Erst putze ich die Küche und dann gehen wir zu den Enten. Du darfst solange spielen, bis ich fertig bin.»

Wenn das Kind nun nicht daran gewöhnt ist, alleine zu spielen, wird es immer wieder nachsehen, ob Sie Ihre Aufgabe schon beendet haben und ungeduldig auf Sie warten. Je besser es gelingt, das vorher Versprochene einzuhalten, auch wenn zufällig ein Telefonanruf dazwischen kommt, desto eher wird das Kind lernen, allein zu spielen.

Mangel an Aufmerksamkeit: die «negative Spirale» droht

Gelingt es Ihnen nicht, genügend Aufmerksamkeit für Ihr Kind aufzubringen, kann bisweilen eine negative Spirale entstehen. Ihr Kind wird z.B. solange quengeln, bis Sie sich um es kümmern und es sich wirklich wahrgenommen fühlt. Auch wenn Sie gar nicht oder geistesabwesend auf seine Bitte reagieren, z.B. seine neuen Kunststücke oder sein schönes Bauwerk anzuschauen, wird es versuchen, seine Wünsche auf eine andere Weise deutlich zu machen, indem es beispielsweise lauthals schreit oder etwas kaputt macht; die meisten Kleinkinder verfügen über eine ganze Skala von derartigen Möglichkeiten. Vor allem, wenn Sie müde sind oder bestimmte Probleme Ihre ganze Aufmerksamkeit in Anspruch nehmen, passiert es leicht, dass Sie erst dann reagieren, wenn eine Art Verhalten auftritt, das so störend ist, dass man es auf jeden Fall bemerken muss. Ihre Gereiztheit wird womöglich erneut negatives Verhalten beim Kind hervorrufen, was abermals Energie von Ihnen fordert. Diese Art *Teufelskreis* erleben viele Eltern immer wieder im Kleinen wie im Großen.

Auch kann sich die Stimmung verhärten, weil den Eltern nichts Besseres einfällt als das Kind zu strafen. In dem Kapitel über Strafe und Belohnung werden wir darauf näher eingehen.

Einige Tipps, um dieser negativen Spirale zu entkommen:

- Blicken Sie abends kurz auf den vergangenen Tag zurück. Häufig fallen Ihnen die *negativen Begebenheiten* als erste ein. Versuchen Sie aber in Ihrer Erinnerung mindestens ebenso viele *positive Momente* hervorzuholen. *Tagesrückblick*
- Loben Sie in einer solchen verfahrenen Situation das Kind ein wenig mehr als sonst, wenn es etwas richtig gemacht hat. *Lob*
- Flechten Sie im Laufe des Tages einige feste Aktivitäten ein, in denen Sie mit Ihrem Kind etwas Gemeinsames unternehmen: ein Bilderbuch anschauen, ein Liedchen singen, die Krümel vom Frühstückstisch für die Vögel ausstreuen oder eine andere Tätigkeit, die dem Kind Freude macht. Kehren diese schönen Momente täglich wieder, so lernt das Kind darauf zu vertrauen, dass sie kommen, auch ohne dass es quengelt. *Gemeinsame Aktivitäten zu festen Zeiten*

Rhythmus, Gewohnheiten und Rituale

In jeder Familie wiederholen sich bestimmte Handlungen im Laufe des Tages regelmäßig, z.B. aufstehen, anziehen und essen. Je vorhersehbarer der Tagesablauf für das Kleinkind ist, um so stärker sind der Halt und die Sicherheit, die ihm dadurch geboten werden. Durch die regelmäßig wiederkehrenden Tätigkeiten wie essen und

schlafen und auch die vielen Gewohnheiten im Haushalt bekommt das Kleinkind allmählich einen *Begriff von Zeit* und von den *Zusammenhängen des Lebens*, kurz, es kann nun das Leben kennenlernen und begreifen. Je gemütlicher und einladender die Umgebung, desto selbstverständlicher wird es sich den Gewohnheiten der Familie anpassen.

Durch ein zu starres Tagesprogramm aber fühlt sich das Kind wie eingezwängt. Der Tag sollte beschwingt atmen können. Im rhythmischem Wechsel sollte das Kind sich bewegen und ruhen, allein und mit anderen sein, drinnen und draußen sein, essen und nicht-essen; aber auch alles in Unordnung bringen (dürfen) und (gemeinsam) aufräumen, sich schmutzig machen (dürfen) und wieder alles herrlich sauber machen.

Gewohnheiten ändern sich mit dem Alter

Eltern sollten allerdings regelmäßig überprüfen, ob die bestehenden Gewohnheiten noch altersgemäß sind, und sie gegebenenfalls abändern. Hierzu einige Beispiele.

- Selbstverständlich wird ein einjähriges Kind an- und ausgezogen, aber ein dreijähriges kann durchaus dazu angespornt werden, es einmal selbst zu versuchen.
- Bei der warmen Mahlzeit benötigt ein einjähriges Kind oft eine größere Portion als ein zweijähriges, so dass man letzterem den Teller auch nicht so voll füllen sollte.
- Bei sehr kleinen Kindern nimmt die körperliche Pflege noch einen großen Teil des Tages in Anspruch, bei älteren oder bereits etwas selbstständigeren Kleinkindern dagegen ist das schon nicht mehr so sehr der Fall.
- Neben der rein körperlichen Pflege sind nun andere elterliche Fähigkeiten gefragt. Das Loslassen-Können wird jetzt wichtig, damit das Kind selbst etwas unternehmen und auf Entdeckungsreise gehen kann. Wer das Kind liebevoll beobachtet und aufmerksam bei allem dabei ist, wird schon wissen, was nötig ist und welche Gewohnheiten verändert werden müssen.

Keine Regel ohne Ausnahme!
Manchmal, z.B. während Krankheitsperioden oder im Zuge einschneidender Ereignisse oder auch, wenn ein Elternteil überlastet ist, geraten Gewohnheiten und Regeln mehr oder weniger in den Hintergrund. So braucht ein krankes Kind oft nachts besondere Zuwendung, es möchte bei den Eltern im Bett schlafen oder etwas zu trinken haben, weil es vom Fieber Durst hat usw. Solange das Kind krank ist, ist es völlig berechtigt, auf diese Wünsche einzugehen. Das Kind ist vielleicht ängstlich und die Eltern womöglich auch, weil es hustet oder hohes Fieber hat. Es ist gar nicht so einfach, festzustellen, wann das Kind wirklich nicht mehr krank ist und die alten Gewohnheiten also wieder zu ihrem Recht kommen können.

Rituale als «Achsenmomente» im Familienleben

Rituale können als feste Gewohnheiten einen besonderen Platz im Familienleben einnehmen. In der Kirche haben sie eine zentrale Bedeutung, sie stehen im Dienste des religiösen Erlebens. Innerhalb einer Familie können sie auf ähnliche Weise wirken. Sie sorgen für eine Stimmung der Ruhe und Sammlung z.B. beim Beginn der Mahlzeit oder vor dem Zubettgehen. Das alltägliche Leben hält während dieser Augenblicke kurz den Atem an; danach kann man mit der nötigen Aufmerksamkeit essen oder abends den Tag verabschieden und schlafen gehen. Kinder mögen Rituale, sie lieben deren bildhaften Charakter und überhaupt Wiederholung in jeder Form. Rituale können verschieden aussehen. Der eine Erwachsene wählt vielleicht beim Anfang der Mahlzeit einen Spruch oder ein Gebet, während ein anderer lieber eine Kerze anzündet oder für einen Moment der Stille sorgt. In gewissem Sinne geht es weniger darum, *was* man tut, als *wie* man es tut und mit wieviel Treue und Aufmerksamkeit man dabei ist. Diese innere Anteilnahme ist um so leichter aufzubringen, je einfacher und kürzer die Familienrituale sind.

Sowohl Gewohnheiten als auch Rituale sind familiengebunden. Oft haben sie ihren Ursprung in dem, was die Eltern aus ihrer eigenen Jugend mitgebracht haben, manchmal auch in Vorbildern aus der Umgebung oder in gewissen Auffassungen über Erziehung; sie sind aber auch die Frucht der unmittelbaren Möglichkeiten und Unmöglichkeiten innerhalb der Familie.

Neue Gewohnheiten zulassen und integrieren

Neue Gewohnheiten entstehen bisweilen auch nach der Lektüre eines Buches oder einem Gespräch mit anderen Eltern. Letztendlich ist es aber doch so, dass neue Gewohnheiten ihre Wirksamkeit erst richtig entfalten, wenn man sie nicht nur im Kopf hat, sondern wenn sie ein *selbstverständlicher Bestandteil* des eigenen Tuns und Lassens geworden sind.

Regeln und Grenzen

Die Rolle von Vereinbarungen und Abmachungen

Rhythmus und Gewohnheiten wirken vor allem in der Region des Unbewussten, *Regeln und Grenzen* dagegen werden bewusster gehandhabt und dringen beim Kind stärker in sein Bewusstsein ein. Vereinbarungen dienen in erster Linie der Sicherheit und sorgen außerdem dafür, dass das Zusammenleben von Eltern und Kindern harmonisch verläuft. Werden diese Abmachungen von jedem Familienmitglied respektiert, so geben sie Halt, schaffen Ordnung und bieten vor allem dem kleinen Kind eine Atmosphäre der Geborgenheit. Regeln stehen also immer im Dienste von etwas, *sie sind niemals Ziel an sich.*

Einige Tipps für das Aufstellen von Regeln und Grenzen:

- Wer dem Kind Grenzen zieht, weil es etwas *nicht darf*, sollte ihm gleichzeitig zeigen, was ihm selbstverständlich *erlaubt* ist. Das braucht der Erwachsene nicht immer umständlich zu erklären. Will er dem Kind deutlich machen, welche Gegenstände es anrühren darf, dann genügt es, mit Überzeugung zu sagen: «Das gehört dir!». Oder wer dem Kind z.B. beibringen will, dass es nicht alle Bücher aus dem Regal holen darf, kann eigens für es ein kleines Brett einrichten, auf dem seine eigenen Kinderbücher stehen dürfen. Wenn das Kind beim Tisch-Abräumen helfen will, so gibt man ihm etwas in die Hand, das nicht zerbrechlich ist. Versuchen Sie auf jeden Fall die Wohnung so einzurichten, dass vieles möglich und erlaubt ist.

Eine tüchtige Helferin

- Bei der *Festlegung von Grenzen* müssen Ihr Handeln, Ihr Gesichtsausdruck und Ihre Worte miteinander in Übereinstimmung sein. Es wirkt verwirrend auf das Kind, wenn Sie es mit strengen Worten ermahnen, gleichzeitig aber Ihr Lachen nicht verbeißen können, weil ein solch unartiges Kind doch auch wiederum so süß ist.
- Sie können von einem Kleinkind nicht erwarten, dass es die Grenzen, die Sie heute abstecken, morgen noch weiß und dementsprechend handelt. Auch nachdem Sie es zum zehnten oder zwanzigsten Mal vom Bücherschrank weggeholt haben, wird es von diesen Büchern weiterhin unwiderstehlich angezogen, weil Bücher doch so etwas Spannendes sind. Nach wiederholtem Eingreifen wird das Kind wohl allmählich spüren, dass es etwas nicht darf, aber das heißt noch lange nicht, dass es der Anziehungskraft des Verbotenen standhalten kann. Diese ganze Prozedur erfordert schon eine Engelsgeduld.
- Es ist besser, mit einer beschränkten Anzahl Regeln *konsequent und deutlich* umzugehen, als viele undeutliche Vorschriften nur hin und wieder in Kraft treten zu lassen. Überlegen Sie sich als Eltern, welche Regeln für Sie wichtig sind oder welche Sie Ihrem Kind auf jeden Fall beibringen möchten und halten Sie sich dann auch entschlossen daran. Teilen Sie auch den älteren Geschwistern oder dem Babysitter mit, welche Regeln in der Familie gelten, und bitten Sie darum, diese zu beachten.

Grenzen setzen muss man üben!

Für denjenigen, dem es nicht richtig gelingt, seinem Kind Grenzen und Regeln nahe zu bringen, ist es vielleicht eine Hilfe, diejenigen Situationen genauer zu betrachten, in denen ihm dieses ohne Probleme gelingt. Meistens handelt es sich hier um Vorschriften, die mit der direkten Sicherheit des Kindes zusammenhängen, z.B. dass es verboten ist, den Herd anzurühren. Versuchen Sie, die gleiche Überzeugungskraft, mit der Sie diese praktische Regel dem Kind beigebracht haben, auch auf andere Situationen zu übertragen.

Je nach *Altersstufe* werden die Grenzen anders aussehen. Beim einjährigen Kind handelt es sich ja noch oft um ganz handfeste Begrenzungen, die es nicht überschreiten darf: sein Bettchen, aus dem es nicht klettern darf, das Laufgitter, das Gitter vor der Treppe oder der Haltegurt im Kinderstuhl. Diese Art Beschränkungen passen auch am besten zum Kleinkind, weil sie spürbar sind und noch nicht an Bewusstsein oder Erinnerungsfähigkeit appellieren. Das Schöne bei dieser Art von Grenzen ist, dass das Kind sie eher als selbstverständliche Regel akzeptiert, weil sie mehr oder weniger von demjenigen unabhängig sind, der sie festsetzt. Somit wird sich der etwaige Protest eher gegen die einschränkende Maßnahme selbst als gegen den Erwachsenen richten.

Andere Altersstufen bedingen andere Abgrenzungen

Mit dem Älterwerden verschwinden diese «spürbaren» Grenzen immer mehr. Die Welt des Kindes weitet sich, der Laufstall hat ausgedient und das Kind ist imstande, aus seinem Bettchen zu klettern. Jetzt müssen neue Grenzen eingeführt werden, die aber auch immer noch von einer direkt erlebbaren Erfahrung begleitet sein sollten. Kann das Kind z.B. nicht vom CD-Spieler lassen, so macht man ihm dieses Verbot *spür- und erfahrbar*, indem man es aufhebt und an einen anderen Ort hinsetzt, wo es in aller Ruhe spielen darf. Erziehung heißt in dieser Phase und in diesem Zusammenhang: *Handeln, Tun*! Natürlich ist es recht, wenn man diese Maßnahme mit Worten begleitet, weil ohnehin die Sprache im Laufe des Kinderlebens das Reagieren durch Handeln ersetzen wird. In dieser frühen Phase aber haben die tadelnden Worte höchstens eine unterstützende Funktion, sie ersetzen das tätige

Eingreifen nicht. *Was* Sie dabei sagen, ist nicht so wichtig – *die Kraft,* die das eigene Handeln ausstrahlt, wird vom Kleinkind als Festsetzung einer Grenze erlebt. Reagieren Sie dagegen verärgert oder irritiert, blockiert das Kind häufig innerlich und verschließt sich ganz bestimmt vor dem, was Sie von ihm wollen.

Mit drei Jahren etwa sollte das Kind so weit sein, dass es bestimmte Regeln und Grenzen im Haus kennt und dass es auf ein kurzes Wort hin gehorcht.

Statt Fanatismus: Humor!

Sie sollten aber auch bedenken, dass bei einer übergroßen Betonung des Tagesrhythmus und der Hausregeln die Gefahr besteht, dass die Erziehung in ein strenges Regiment ausartet. Das sollte unbedingt vermieden werden. Ein großer Helfer dabei ist der *Humor,* mit dem man sich selbst und die jeweilige Situation betrachtet.

Nein sagen

Nein sagen: ein ganz normaler Entwicklungsschritt

Ist das Kind in der Trotzphase angelangt, meistens zwischen dem zweiten und dritten Jahr, wird das *Nein sagen* brandaktuell, sowohl für das Kind als auch für die Eltern. Das Kind sagt jetzt «ich» zu sich selbst als Zeichen seines erwachenden Selbstbewusstseins. Dieses wächst gerade in dem Maße, in dem sich das Kind gegen die Eltern wehrt. Das Kind sagt nun zu allem nein, im Extremfall sogar zu den Dingen, die es eigentlich gerne tut. Obwohl diese Entwicklungsphase gar nicht einfach ist und an unseren Kräften zehrt, sollte sie von uns mit Begeisterung begrüßt werden, handelt es sich doch um einen Meilenstein, der zum Großwerden gehört. Im Grunde dürfte kein Kind diesen Schritt auslassen. Je nach Kind sind Intensität und Länge dieser Phase enorm verschieden. Das ganz extreme Nein sagen wird nachlassen, sobald das kindliche Identitätsbewusstsein so stark geworden ist, dass das Kind die Konfrontation mit der Umgebung nicht mehr so sehr braucht.

Ein Moment zum Nachdenken

Häufig ruft das «Nein» eines Menschen beim Gegenüber ebenfalls ein «Nein» hervor. Das trifft in dieser Phase auch für das Verhältnis zwischen Eltern und Kindern zu. Dennoch gilt auch hier die allgemeine Maxime, dass der Mensch durch *Bestätigung, Ermutigung und Lob* am stärksten angeregt wird. Gerade im Trotzalter braucht das Kind diese Art Unterstützung dringend. Bei einem Kind, das sich z.B. gegen das Händewaschen vor dem Essen sträubt und nur mit dem Wasser herumspritzt, aber nachher das Handtuch richtig aufhängt, ist es viel besser, das, was es gut gemacht hat zu loben, als das Blödsinnmachen zu tadeln.

Im Allgemeinen sollte man versuchen, das Kind von seiner Weigerung abzulenken oder der Situation mit Humor zu begegnen. Auch ein Sprüchlein oder Liedchen kann hierbei in seiner spielerischen Weise helfen (siehe S. 102). In der Praxis werden immer noch genügend direkte Konfrontationen auftreten, die heftigen Widerstand und Jähzorn hervorrufen. In solchen Fällen ist es eine große Hilfe für das Kind, wenn es von den Eltern ein deutliches «Nein» oder «Halt» zu hören bekommt, sodass es weiß: bis hierher und nicht weiter.

Zusammenfassend lässt sich feststellen:

- Ein Kleinkind braucht innerhalb sicherer Grenzen und Regeln einen großen Entfaltungsraum, um sich selbst und die Welt entdecken zu können; erlauben Sie ihm aber nicht zu früh, irgendwelche Regeln und Grenzen selbst zu bestimmen.
- Grenzen werden von den Eltern festgelegt. Je deutlicher Sie dabei vorgehen, umso leichter begreift das Kind, was damit beabsichtigt ist.
- Überzeugtes und entschiedenes elterliches Auftreten wirkt positiv auf das Kind, verschwommene Anordnungen machen es dagegen nur unsicher.

- Man gewinnt viel an Klarheit, wenn man es sich zur Gewohnheit macht, die Dinge, die getan werden müssen, als eine *Tatsache* statt als Bitte zu formulieren. Viele Eltern haben damit ihre Schwierigkeiten, denn eine solche Aufforderung hört sich nicht sehr freundlich an und lässt dem Kind keinen Spielraum. Die freundliche Feststellung «Jetzt ziehen wir die Jacke aus und stellen die Stiefel auf die Türmatte» ist jedoch ehrlicher und macht dem Kind unmittelbar deutlich, was von ihm verlangt wird, als die zweideutige Frage: «Willst du deine Jacke ausziehen und deine Stiefel auf die Türmatte stellen?»

Strafen und Belohnen

Durch eine *Strafe* lässt man ein Kind spüren, dass das, was es getan hat unerwünscht und störend ist. *Belohnen* setzt man als Mittel ein, um erwünschtes Verhalten zu bestätigen.

Aus unseren Ausführungen über die Kunst des Erziehens geht deutlich hervor, dass eine freudige Stimmung im Haus, ein gutes Vorbild und konsequente Regeln die besten Voraussetzungen dafür sind, ein Kind dazu zu bringen, das zu tun, was von ihm erwartet wird. Dabei braucht es immer wieder kleine *Ermunterungen*, aber im Allgemeinen keine *Belohnung*. Im täglichen Tun und Lassen sollten wir ihm regelmäßig durch eine kleine Geste oder ein lobendes Wort unsere Bestätigung und Anerkennung zeigen. Wirkliche Belohnungen oder übertriebenes Lob lassen die Selbstverständlichkeit verkümmern, mit der das Kleinkind handelt, und rufen in ihm frühzeitig eine berechnende Haltung hervor in dem Sinne: «Wenn ich das tue, findet Mama mich lieb, und ich bekomme dies und das.» Auf Dauer wird das Kind dann nur noch mit einer in Aussicht gestellten Belohnung zu motivieren sein.

Belohnungen können auch negative Auswirkungen haben!

Führt Strafen beim Kleinkind zu Einsicht?

Ziel dieser Maßnahmen ist, dem Kind bewusst zu machen, was es darf und was nicht. Bis zum vierten Lebensjahr kann das kleine Kind noch nicht einschätzen, ob sein eigenes Handeln gut oder nicht gut ist, was Ursache und was Wirkung ist und was ein anderer Mensch fühlt. Es ist gerade erst dabei herauszufinden, wie bestimmte Dinge zusammenhängen. Wenn Sie Ihr Kind strafen oder belohnen in der Erwartung, dass es den Grund Ihres Handelns verstehen wird, und also an sein *Gewissen* appellieren, so verlangen Sie etwas von ihm, was es noch nicht kann. Strafe und Belohnung sind somit auch keine tragenden Säulen in der Erziehung des Kleinkindes.

Sparsam eingesetzt kann eine Strafe dazu beitragen, schwieriges Benehmen zu durchbrechen. Werden in einer Familie den Kindern jedoch regelmäßig strenge Strafen auferlegt, so verhärtet sich die häusliche Atmosphäre, und auf die Dauer werden die Kinder mit Angst oder Gleichgültigkeit reagieren.

Die am häufigsten gestellten Fragen zum Thema Strafe sind: Schadet Strafen der Beziehung zum Kind? Und: Besteht die Gefahr, dass man durch Strafen den Willen des Kindes bricht, vor allem im Hinblick darauf, wie heftig manchmal die Abwehr des Kindes auf eine streng gezogene Grenze oder eine Strafe ist?

Nie das Kind selbst tadeln!

Wichtig bei einer Strafe ist, dass das Kind sich nicht abgewiesen fühlt, dass Sie also nur das *Verhalten* Ihres Kindes tadeln und keinesfalls das *Kind selbst*; auf diese Weise wird die Beziehung zu Ihrem Kind keinen Schaden nehmen. Jedesmal wenn sich das Kind dem Erwachsenen widersetzt, spürt es seine eigene Kraft, und das trägt zu seiner Stärkung bei. Aber um diese Kraft zu spüren, braucht es gar nicht zu siegen! Denn trägt das Kind den Sieg davon, so hat es die Macht in Händen, was gar nicht wünschenswert ist. Viele Konfrontationen könnten wir uns ersparen, wenn wir genau hinschauten, ob das Kind wirklich etwas Schlimmes tut. Meistens hat das Kind ja keine bösen Absichten, sondern geht nur seinem Forschungsdrang nach. Greift ein Kind z.B. zur Keksdose, so ist es nicht unbedingt ungehorsam. Vielleicht will es gar nicht naschen, sondern ist nur von der glänzenden Blechdose fasziniert, oder es will einfach sehen, wie schön die Kekse geordnet sind.

Formen von Strafen

Man kann ein kleines Kind auf verschiedene Weise strafen. Geeignet sind allerdings nur harmlose Maßnahmen: man kann es *tadeln*, es kurz *absondern* oder ihm in besonderen Fällen etwas *vorenthalten*. Körperliche Strafen verbieten sich.

Strafen durch Tadeln

Wenn Sie das Kind tadeln, sind Ihre *Worte* weniger von Bedeutung als der *Ernst*, mit dem Sie sie aussprechen. Eine Ermahnung, die Sie z.B. in der Eile von der Küche aus ins Wohnzimmer rufen, hat meistens keine Wirkung. Wollen Sie Erfolg haben, so müssen Sie zu Ihrem Kind hingehen, es sanft am Arm fassen, ihm ins Gesicht sehen und ihm in wenigen kurzen Sätzen klar machen, was nicht erlaubt ist; aber Sie sollten auch nicht vergessen zu betonen, was es schon alles darf.

Strafen durch Absondern

Das Kind kurz aus dem Zimmer zu schicken, ist ein wirksames Mittel, wenn es sich schwer tut, seinen Widerstand aufzugeben. Bringen Sie es in aller Ruhe an einen Ort, an dem es eine Weile allein sein kann. Sagen Sie ihm, dass Sie es holen werden, sobald es sich beruhigt hat. Manche Kinder wissen ganz genau, wann Sie wieder zu sich gekommen sind; andere dagegen machen voreilige Versprechungen, z.B.: «Ich werde es nie wieder tun!» In diesem Fall sollten die Eltern selbst die Dauer der Absonderung festlegen. Danach müssen Sie dem Kind unbedingt mit einer liebevollen Geste zeigen, dass alles wieder gut ist.

Warten Sie nicht, bis es zu einer Szene gekommen ist und Sie als Eltern nur noch *ohnmächtige Zuschauer* sind, denn dann gerät das Kind erst recht außer sich, und es ist auch nicht mehr ungefährlich, es alleine zu lassen. Wenn Sie mit dieser Maßnahme Ihre Schwierigkeiten haben und lieber abwarten in der Hoffnung, dass das Kind von alleine zur Vernunft kommt, sollten Sie sich einmal fragen, wie oft sich in solchen Situationen das Gewitter von alleine wieder verzog und wie oft es dagegen auf ein «Theater» hinauslief, weil Sie zu spät eingegriffen. Ein sinnvolles Erziehungsprinzip besagt, dass es besser ist, sich eines Problems anzunehmen, solange es noch klein ist, als durch Aufschieben zu riskieren, dass es immer größer wird.

Strafen durch Vorenthalten

Eine Strafe, bei der man dem Kind Aktivitäten vorenthält, die es gerne macht, ist nur sinnvoll bei größeren Kindern, mit denen man bereits etwas vereinbaren kann, also etwa im Kindergartenalter. Bei dieser Art Maßnahmen sollten Vergehen und darauffolgende Strafe unmittelbar miteinander zusammenhängen. Ein Beispiel: Mit einem fast vierjährigen Kind haben Sie ausgemacht, dass es sich nicht außerhalb des Gartenzaunes begeben darf. Es hält sich nicht daran und befindet sich plötzlich auf dem Gehweg. Eine logische Strafe wäre nun: im Haus bleiben bis zum Mittagessen. Eine solche Strafe braucht sich nicht bis in den Nachmittag hinein auszudehnen oder sogar bis zum nächsten Tag. Ein kleines Kind lebt vor allem in der Gegenwart; eine sich hinziehende Strafe ist eine viel zu schwere Belastung, die es ohnehin nicht begreifen kann.

Zeitliche Dimensionierung von Strafen

Beißen und Schlagen

Wenn ein Kind beißt und schlägt, kann das verschiedene Ursachen haben. Vielleicht will das Kind nur erforschen, was passiert, wenn es ein anderes Kind beißt oder schlägt. Auch Eifersucht kann mit im Spiel sein. Oder das Kind verhält sich so, weil es nicht in Worten ausdrücken kann, was es will.

Rechtzeitig und sensibel reagieren

Will man vermeiden, dass diese Unarten zur Gewohnheit werden, muss man rechtzeitig eingreifen. Ein Kind, das schlägt oder beißt, tut etwas Unerlaubtes, was immer auch der Grund sein mag. Dies wird es sich abgewöhnen müssen. Ein kleines Kind erlebt sich nun einmal als Mittelpunkt und kann noch nicht aus sich heraus den Schmerz oder Kummer eines anderen Menschen bewusst nachempfinden. Diese Fähigkeit wird es erst noch lernen müssen.

Sinnvoll ist es, nach der ersten Reaktion vonseiten der Eltern – «Das darfst du nicht, du tust deiner Schwester weh!» – die Aufmerksamkeit auf das «Opfer» zu lenken und dieses mit dem Kind zusammen zu trösten. Hört das Beißen und Schlagen nicht auf, wird eine entsprechende Strafe folgen, z.B. einige Minuten hinaus auf den Flur. So wird man das unschöne Verhalten in den meisten Fällen durchbrechen; unerlässlich ist es in diesen Dingen, dem Kind eine klare Haltung auf der Seite der Erzieher zu zeigen.

Strafen aus Ohnmacht

Strafen kann ein Spiegel innerer Probleme sein

Nicht immer wird eine Strafe wohlüberlegt ausgesprochen, sondern oft impulsiv, aus *Wut oder Ohnmacht.* Viele Eltern fühlen sich nachher auch schuldig, und ihre *Unbeherrschtheit* tut ihnen leid, da sie bemerken, dass die Strafe eine unkontrollierte Reaktion auf die *Unzufriedenheit mit sich selber* war, denn sie sind ja verantwortlich für den weitaus größten Teil der Handlungen des Kleinkindes. Der naive Vorsatz, sich in Zukunft nicht mehr gehen zu lassen, ist nicht realistisch und bringt wenig. Beobachten Sie lieber einmal genau, wie ihr Kind auf Strafe reagiert. Manche Kinder fühlen sich nämlich nach einer solchen Szene wie neu geboren, weil die Luft wieder rein ist. Daran kann man sehen, dass es bei dieser Art von Kindern von Vorteil ist, zur rechten Zeit, also bevor Sie die Beherrschung verlieren, notfalls energisch, einzugreifen und sich nicht zu scheuen, deutliche Grenzen zu ziehen.

Wiederum andere, eher empfindliche Kinder, wirken nach einer Bestrafung bisweilen *ängstlich und eingeschüchtert.* Wahrscheinlich war die Konfrontation zu hart. Auch diese Erfahrung kann zu dem Vorsatz führen, das nächste Mal *früher* und dadurch wahrscheinlich auch *überlegter* einzugreifen. Dennoch wird man es nicht vermeiden können, dass sich diese Situation wiederholt. Das empfindliche Kind wird also lernen müssen, damit umzugehen, und dazu bietet das Zuhause den besten und sichersten Ort.

Wutanfälle und Aggressionen wirken sich in der Erziehung niemals positiv aus, vor allem wenn dabei physische Gewalt ange-

Schreien und Schlagen als Erziehungsmitel ungeeignet

wandt wird, z.B. in Form von Schlägen. Das Kind wird mit Angst reagieren. Das Problem des Schlagens als Strafe ist: Je häufiger ein Mensch schlägt, desto tiefer sinkt die Hemmschwelle, die er überwinden muss. Außerdem ahmt das Kind dieses Vorbild sehr schnell nach. Dem Kind einmal einen leichten Klaps auf die Finger zu geben, macht nichts, aber als erzieherische Gewohnheit wirkt es niemals positiv.

Häufig *schreien* Erwachsene bei Zurechtweisungen laut herum. Auch das übernimmt das Kind schnell, wodurch sich die Lage nur noch stärker zuspitzt.

Drohungen erzeugen Angst und innere Opposition

Drohungen haben wenig Wirkung, ganz besonders bei kleinen Kindern. Meistens wird mit Strafe oder Entzug der elterlichen Liebe gedroht. Eine Drohung im Sinne von «wenn du dieses nicht machst, wird jenes passieren», ruft oft Angst beim Kind hervor, und aus diesem Angstgefühl heraus wird es vielleicht zunächst gehorchen. Viele Kinder werden aber nach solchen wiederholten Drohungen einmal herausfinden wollen, ob diese tatsächlich ernst gemeint sind. Auf diese Weise wird daraus schnell ein *Machtkampf*. Ist die Drohung nicht wahr zu machen, verlieren die Eltern auch noch ihre *Glaubwürdigkeit*, und das Kind wird sie immer weniger ernst nehmen.

Erpressung durch Liebesentzug …

Die Einschüchterung: «Wenn du das machst, mag Papa dich nicht mehr», wirkt genau so verheerend, weil für das Kind die elterliche Liebe die Ursicherheit darstellt. Deswegen darf diese nie als *Erpressungsmittel* eingesetzt werden.

Die «Waffen» des Kleinkindes

Nicht essen wollen, nicht schlafen wollen und Probleme mit dem Sauberwerden bezeichnet man manchmal als die drei Waffen des Kleinkindes. Auf den ersten Blick ist das Wort «Waffe» ein sehr schwerwiegendes Wort, wenn es um Kleinkinder geht. Eltern können aber manchmal so völlig verzweifelt sein, wenn ihr Kind nicht essen oder schlafen will, dass es aus der Sichtweise der Eltern

Was tun bei hartnäckig wiederkehrenden Problemen?

tatsächlich gerechtfertigt scheint. Vom Kind aus gesehen ist diese Bezeichnung zweifellos unzutreffend, weil im Grunde kein einziges Kind die Absicht hat, die Liebe seiner Eltern aufs Spiel zu setzen.

Wie bereits geschildert wurde, ist es typisch für ein Kleinkind, dass es sich völlig verweigern kann, wenn wirklich etwas von ihm verlangt wird (siehe S. 45). Das trifft sicher zu für die drei genannten Tätigkeiten. Ein Kind, das sich regelmäßig weigert zu essen, wird nicht plötzlich seinen Widerstand aufgeben und mit Appetit essen, nur weil die Eltern ihm das Essen in den Mund stopfen. Eine Strafe wird es nicht davon abhalten, in die Hose zu machen. Vielmehr besteht die Gefahr, dass sich ein leichter Konflikt zu einem richtigen Machtkampf auswächst. Will man eine solch verfahrene Situation angehen, ist zuerst unbedingt klarzustellen, ob gesundheitliche Probleme vorliegen, und der Tagesablauf zu überprüfen. Folgende Fragen können dabei als Leitfaden dienen:

- Wie sieht der *Tagesrhythmus* aus, bietet dieser dem Kind genügend *Abwechslung*? Wird von dem Kind zu viel oder eher zu wenig verlangt?
- Bekommt es genügend Gelegenheit, *sich zu bewegen*? Ist es jeden Tag über längere Zeit an der frischen Luft?
- Wie ist es mit der *Ernährung*? Entspricht diese noch seinem Alter, sieht das Essen schmackhaft aus?
- Hat das Kind im Laufe des Tages genügend *Aufmerksamkeit* bekommen?
- Werden dem Kind ausreichend *Grenzen* gesetzt und sind diese deutlich? Oder werden ihm womöglich übermäßig viele *Vorschriften* gemacht?

Anhand dieser Fragen werden Sie Klarheit darüber bekommen, wo Probleme liegen, welche Bereiche ungenügend gepflegt und welche überbetont werden. Mit dieser Erkenntnis können Sie an die Arbeit gehen.

Singet leise, leise
singt ein flüsternd Wiegenlied,
von dem Monde lernt die Weise,
der so still am Himmel zieht.

Singt ein Lied so süß gelinde
wie die Quellen auf den Kieseln,
wie die Bienen um die Linde
summen, murmeln, flüstern, rieseln.

Clemens Brentano

Eltern und Kinder – die Familie

In unserer Zeit begegnen wir einer großen Vielfalt an Familientypen. Der tiefere Sinn der Familie liegt in der Weise, wie die Erwachsenen miteinander und mit den Kindern umgehen. Im Idealfall liegt die Kraft des Familienlebens in gegenseitiger Anteilnahme, Verantwortlichkeit und Geborgenheit; man lernt, miteinander zu teilen, einander zu vergeben und zu unterstützen.

Da kleine Kinder die älteren Familienmitglieder in allem nachahmen, tragen letztere eine große Verantwortung. Wie sich die Beziehung zwischen den Erwachsenen gestaltet, trägt erheblich zur Familienatmosphäre bei.

Im Folgenden werden wir verschiedene Komponenten darstellen, die im Leben einer Familie eine wichtige Rolle spielen.

Das Zuhause

Das Zuhause umfasst den Ort, wo man wohnt, und die Menschen, mit denen man dort zusammenlebt. Es ist unersetzbar, und im Prinzip hat jeder Mensch nur ein Zuhause. Ungeachtet der Wohnverhältnisse kann ein Haus oder eine Wohnung zum Zuhause werden, wenn alle Bewohner sich dort sicher fühlen, sie selbst sein können und es gemütlich ist.

Der gemeinsame Lebensraum: Ort der Verbundenheit und schützende Hülle

Das bedeutet, dass der Wohnraum nicht nur auf die Kinder, sondern auch auf die Erwachsenen abgestimmt sein sollte, und dass es Lebensregeln für Kinder sowie für Erwachsene gibt. Für die Eltern beispielsweise gilt, dass sie in dem Raum, wo sich Kinder aufhalten, nicht rauchen; die Kinder wiederum dürfen z.B. die Musikanlage nicht anrühren.

Das Besondere eines Zuhauses ist, dass viele Gegenstände eine Geschichte haben. In der Babywiege lagen vielleicht bereits viele Generationen, die Vase ist ein altes Erbstück, mit dem Dreirad ist auch das älteste Kind schon gefahren, die zerschlissene Lappenpuppe gehört dem jüngsten Kind usw. All diese Dinge sind den Familienmitgliedern teuer, es muss also behutsam mit ihnen umgegangen werden. So besteht in einem Zuhause außer der *Verbundenheit miteinander* auch die *Verbundenheit mit den Dingen.*

Die tragenden Beziehungen

Gemeinsames Durchmachen von Freude und Leid verbindet

Eine gute Beziehung zwischen den Eltern sowie zwischen Eltern und Kindern ist dadurch geprägt, dass man alles gemeinsam trägt, d.h. dass man Freude und Leid, Hoffnung und Enttäuschung zusammen verarbeitet. Das Band innerhalb einer Familie ist in den ersten Jahren gerade dadurch besonders innig, dass die Kinder noch so vollkommen auf die Eltern angewiesen sind. Die *schützende Hülle des Zuhauses* macht es möglich, dass das Kind Beziehungen aufbaut und sich sicher fühlt. Auch für die Eltern kann das Zuhause ein sicherer Ausgangspunkt für ihre weiteren täglichen Verrichtungen bedeuten.

Die Verantwortung als Erzieher

Einen Rahmen schaffen, in dem sich Ihr Kind entfalten kann

Niemand ist als Mutter oder Vater ausgebildet worden. Zwar können natürlich auch andere Menschen Anteil an der Erziehung Ihres Kindes haben, aber letztendlich sind *nur Sie verantwortlich.* Wären Sie sich während des Tages dieser Verantwortung ständig bewusst, würden Sie wahrscheinlich nicht mehr erziehen können; Sie wären gelähmt. Ebenso wie Ihrem eigenen Leben, geben Sie in der Zeit, in der Sie Erzieher sind, auch dem Leben Ihrer Kinder die Richtung vor. Sie schaffen die Rahmenbedingungen, innerhalb derer sich diese entfalten können. Das bedeutet, dass weder Kinder noch Eltern, sondern die *erzieherische Beziehung* im Mittelpunkt steht.

Die Familie: prägend fürs ganze Leben

Jedes kleine Kind ist von beiden Eltern oder einem Elternteil abhängig und wächst erst ganz langsam zur Selbstständigkeit heran. *Da die Position des Kindes durch diese Abhängigkeit sehr verletzlich ist, tragen die Eltern eine große Verantwortung.*

Je selbstverständlicher die drei Aufgaben:

- ein Zuhause schaffen,
- die tragenden Beziehungen pflegen und
- die erzieherische Verantwortung auf sich nehmen

in den Eltern leben, umso wohltuender wirkt sich das auf das Familienleben aus.

Natürlich hat jede Familie ihren typischen Charakter und ihre ganz spezielle Ausstrahlung. In der einen Familie leuchtet einem sofort eine große Spontaneität entgegen, eine andere Familie dagegen ist eher förmlich im Umgang. Eine Familie mit kleinen Kindern bildet eher eine geschlossene Welt für sich, während in einer Familie mit Jugendlichen das Leben in all seiner Vielfalt pulsiert. Die Familie prägt nachhaltig Kindheit und Erwachsenheit des Menschen.

Ein spannungsreiches Beziehungsgeflecht: Geschwister

Geschwister

Wird in einer Familie ein Kind geboren, so gerät das ganze Beziehungsgeflecht in Bewegung. In der Fachliteratur wird meistens *Konkurrenz und Rivalität* zwischen Geschwistern hervorgehoben; der tiefen Verbundenheit dagegen wird viel weniger Beachtung geschenkt, obwohl im Alltagsleben der Familie beide Aspekte erlebbar sind.

Die Familie bietet dem Kind ein weites *Übungsfeld,* in dem es sich mit schwierigen Situationen wie Eifersucht auseinandersetzen muss, aber auch lernt, zu warten und mit anderen zu teilen. Diese Aspekte des Familienlebens werden vielfach zu wenig beachtet; noch immer haben wir als *Idealbild,* dass es in einer Familie harmonisch zugehen soll. Ob das Kind zu Hause tatsächlich soziale Fähigkeiten entwickeln kann, hängt von unserer Einstellung als Eltern ab. Wie verhalten wir uns z.B., wenn unser Kind eifersüchtig ist? Finden wir das tragisch für das Kind und versuchen wir, es so einzurichten, dass diese Gefühle möglichst nicht bei ihm aufkommen? Oder gehen wir vielmehr davon aus, dass

Zwischen Verbundenheit und Rivalität

diese Gefühle zum Leben gehören und suchen wir gemeinsam mit dem Kind nach einem Weg, sich damit auseinanderzusetzen? Wird daheim an sozialen Fähigkeiten gearbeitet, so braucht keineswegs ständig Harmonie in der Familie zu herrschen.

Ein Geschwisterchen wird geboren

Die Geburt eines Geschwisterchens ist für ein kleines Kind nicht immer leicht zu verkraften. Die Eltern können das Kind darauf vorbereiten, dennoch werden ihm die Veränderungen zu schaffen machen. Jedes Kind reagiert auf dieses Ereignis seinem Wesen entsprechend, das eine mit Krankheit, bisweilen mit hohem Fieber; ein anderes dagegen macht einen großen Sprung vorwärts, wird z.B. auf einmal sauber. Andere wiederum fallen in ein früheres Entwicklungsstadium zurück, machen wieder in die Hose oder wollen wieder aus einem Fläschchen trinken. Letzteren hilft man am meisten, indem man ihnen nicht zu häufig vorhält, dass sie doch schon so groß sind. Am besten beachtet man den Rückfall fürs Erste so wenig wie möglich, denn meistens verschwindet dieses Verhalten von alleine. Manchmal tut es einem solchen Kind gut, wenn es z.B. eine neue Puppe bekommt, sodass es jetzt auch ein Baby zu pflegen hat, genau so wie die Mutter.

Nicht leicht zu verkraften: Ausnahmesituation nach Familienzuwachs

Besuche der Wöchnerin müssen so geregelt werden, dass sie die Eltern nicht völlig vereinnahmen und den gewohnten Tagesrhythmus nicht durcheinander bringen. Es ist gut, wenn die Besucher auch die älteren Kinder in der Familie beachten.

Ist das Kind durch die vielen Veränderungen aus seinem gewohnten Tun geworfen, so sollten die häuslichen Gewohnheiten unverzüglich wieder aufgenommen werden. Auch kann man das ältere Geschwisterchen ein wenig extra verwöhnen, indem z.B. der Vater mit ihm eine kleine Fahrradtour macht. Verwöhnen und verwirren Sie das Kind aber nicht in der Weise, dass Sie eine Art Verhalten dulden, das Sie vorher nicht akzeptierten.

Fängt das Baby zu krabbeln an, so bedeutet das abermals eine große Umstellung für die älteren Kinder. Plötzlich ist nichts mehr vor den Babyhändchen sicher; in den Augen der Großen wird das Geschwisterchen zu einer Art Monster, das alles kaputt macht. Die älteren Geschwister sollten einen sicheren Ort im Haus haben, wo sie ihre Schätze aufbewahren und für sich spielen können.

Geschwister als gegenseitige Stütze

Geschwister können aber auch auf vielen Gebieten eine *Stütze* füreinander sein. Ein Kind, das sich vor der Dunkelheit fürchtet, kann sich alleine schon durch die Anwesenheit eines schlafenden Brüderchens oder Schwesterchens im Zimmer so beruhigt fühlen, dass es wieder einschläft. Dem ersten Tag in der Spielgruppe oder im Kindergarten wird es voller Vertrauen entgegensehen, weil das ältere Geschwisterchen bereits da ist. Umgekehrt kann es für ein älteres Kind, dem die Schule große Mühe bereitet, eine Wohltat sein, wenn es nach der Schule mit einem jüngeren Brüderchen oder Schwesterchen wiederum klein sein und mit den Puppen spielen darf.

Kleine Geschwister lieben es zu toben und Spaß miteinander zu haben. So sieht häufig der erste Kontakt zwischen Kleinkind und Baby aus. Echtes Zusammenspiel kommt im Baby- und Kleinkindalter nur selten vor.

Streit

Streitereien kommen in *jeder* Familie vor. Ob man sich zu viel oder zu wenig streitet, hängt von verschiedenen Faktoren ab. Herrscht in einer Familie ständig Zank und Streit, so kann das verschiedene Gründe haben. Vielleicht sind ein oder mehrere Kinder schwierig im Umgang oder kommen nicht miteinander aus, oder es gibt Probleme in der elterlichen Beziehung oder womöglich ist die Wohnung zu eng. All das braucht man aber nicht tatenlos hinzunehmen.

Im Familienleben kommt es jedoch häufig vor, dass die bereits existierenden Richtlinien für *erlaubtes und unerlaubtes Benehmen* bestimmten Situationen nicht gerecht werden. Manchmal entstehen auf diese Weise durch die Praxis erzwungen neue Regeln. Man muss lernen abzuwägen, wann man bei Zankereien der Kinder eingreifen muss und wann es besser ist, sie den Streit alleine austragen zu lassen.

Manchmal ist Einschreiten notwendig, weil eines der Kinder in Schutz genommen werden muss. Auch ist es bisweilen sinnvoll, sich in den Streit einzumischen, um den Kindern ein Vorbild zu

Fantasie, Humor, klare Regeln – drei Zaubermittel gegen Streit

Häufig lässt sich ein gerade entfachter Streit durch *Fantasie und Humor* in Grenzen halten oder sogar beenden. Wenn Kinder sich wegen eines Spielzeugs zanken, sollte man sie *ablenken* und unbemerkt auf andere Gedanken bringen. Indem Sie kurz ins Spiel eintauchen und diesem eine neue Variante hinzufügen, wird der Streitpunkt ganz von alleine verschwinden. Kindern wird bei ihren Auseinandersetzungen sehr geholfen, wenn sie Klarheit darüber haben, was sie dürfen und was nicht. Beißen und schlagen, mit Bauklötzen werfen oder dem anderen das Spielzeug aus der Hand reißen, ist nicht erlaubt, aber die eigenen Sachen verteidigen oder in Sicherheit bringen, ist gestattet. Selbstverständlich machen Kinder sich diese «Hausregeln» nach vielen Rückschlägen zu eigen.

Traute Eintracht – leider nicht immer …

geben. Indem man kurz über das Vorgefallene spricht oder zusammen versucht, eine Lösung zu finden, machen die Kinder die Erfahrung, dass man Streitereien auch auf eine andere Weise beenden kann als nur durch Zank und Schlägereien. Bei jedem Konflikt spielen Ärger, aber auch Kummer und Schmerz eine Rolle. Erst wenn sowohl der Ärger als auch der Schmerz von den Erwachsenen in Worte gefasst werden, wird wieder Frieden einkehren.

Konflikte durch Bevorzugung

Wer immer eines der Kinder dem anderen vorzieht, hält eine Art *Konfliktmuster* aufrecht. Dadurch wird auf die Dauer das eine Kind, dem alles nachgesehen wird, dazu neigen, beim geringsten Anlass einen Streit vom Zaun zu brechen, während das andere Kind zunehmend gleichgültig wird, da es ohnehin daran gewöhnt ist, der Schwarze Peter zu sein. Bei regelmäßig wiederkehrenden Auseinandersetzungen lohnt es sich, genau zu beobachten, was sich eigentlich in diesen Streitereien abspielt und was die Kinder mit ihrem Verhalten sagen wollen. Vielleicht fühlt sich eins der Kinder nicht genügend beachtet und will auf diese Weise die *Aufmerksamkeit* auf sich ziehen. Indem man die Situation sorgfältig überprüft und sich mit seinem Partner berät, eröffnen sich möglicherweise neue Perspektiven und das Gefühl der gegenseitigen Verbundenheit wächst.

Familie ist schön – trotzdem: Gönnen Sie sich Rückzugsmöglichkeiten

Die partnerschaftliche Beziehung der Eltern

Oft steht bei einem Elternpaar mit kleinen Kindern die Pflege der partnerschaftlichen Beziehung an letzter Stelle. Haushalt und Erziehung der Kinder sind eine sehr schwere Aufgabe, die (eventuelle) Arbeitsstelle fordert auch viel Energie, und daneben sind noch so viele andere Dinge zu bewältigen wie Pflege der sozialen Kontakte, Unterhalt der Wohnung, Verwaltung der Finanzen oder irgendwelche Hobbys.

Wichtig für die Pflege der Partnerschaft: gemeinsame Aktivitäten und regelmäßige Rückzugsmöglichkeiten

Gönnen Sie sich als Eltern regelmäßig während der Woche eine *Rückzugsmöglichkeit*, sowohl alleine als auch gemeinsam. Jeder bekommt also die Gelegenheit, etwas alleine zu machen; und außerdem unternehmen beide Partner auch etwas Gemeinsames, sodass sie sich noch auf eine andere Weise begegnen als nur mit den Kindern oder im Austausch über diese. Ein schönes Abendessen zu zweit, wenn die Kinder im Bett sind, ist z.B. ein bewährtes Mittel für Eltern, die einander nur noch während der Stoßzeiten in

Wenn Sie am Rande ihrer Kräfte sind …

Das Kleinkindalter bedeutet oft eine *einsame Zeit* für den Erwachsenen, der die meiste Zeit zu Hause bei den Kindern ist. Der Haushalt verlangt einen großen Zeitaufwand, das kleine Kind, das den ganzen Tag um einen herum ist, nimmt viel Kraft in Anspruch, und somit bleibt wenig Zeit für einen selbst übrig. Gerade in dieser Zeit braucht der Partner, der zu Hause bleibt, die Unterstützung des anderen in besonderem Maße. Versuchen Sie miteinander im Gespräch über das zu bleiben, was jeder tagsüber oder während der Woche erlebt hat. Fällt Ihnen die Erziehungsaufgabe sehr schwer, so sollten Sie alleine oder mit dem Partner zusammen die genauen Gründe herauszufinden versuchen.
Voraussetzung dafür ist, dass Sie – möglichst ohne zu urteilen – sich selbst unter die Lupe nehmen. Wagen Sie es z.B., sich zu gestehen, dass Sie manchmal Ihr Kind, wenn es ununterbrochen quengelt, am liebsten «auf den Mond schießen» würden? Erst wenn Sie solche Gefühle zulassen, werden Sie ein deutliches Bild der Schwierigkeiten erlangen. Anschließend gehen Sie auf die Suche nach möglichen Wegen, um (zusammen mit Ihrem Partner) diese Problemsituation anzugehen.

der Familie erleben – auch wenn es sich wegen Zeitnot um eine Mahlzeit vom Pizza-Service handelt.

Wenn Kinder miterleben, dass ihre Eltern sich streiten

Wenn nötig, sollten Sie sich nicht scheuen, sich mit Ihrem Partner zu streiten und die Auseinandersetzung solange fortzusetzen, bis Sie die Seiten des anderen, die Ihnen früher einmal lieb und teuer waren, die aber durch Hektik oder bestimmte Probleme unter den Tisch zu fallen drohen, wieder entdecken. Haben Eltern aber häufig im Beisein der Kinder Streit, wird der Streit nachgeahmt, wie andere Verhaltensweisen auch. *Auseinandersetzungen zwischen Erwachsenen* rufen *Spannungen bei den Kindern* hervor, was wiederum zu weiteren Streitereien Anlass gibt. Gelingt es den Eltern aber, sich nach einem Streitgespräch wieder zu versöhnen, so vermitteln sie den Kindern eine *positive Botschaft*: Nach einem Streit bringt man alles wieder in Ordnung.

Das Austragen von Reibereien, die während des Tages zwischen den Eltern auftreten, kann vielleicht auf einen späteren Zeitpunkt verschoben werden, wenn die Kinder nicht dabei sind.

Pflegen Sie Kontakte zu anderen Eltern!

In der Zeit, in der die Kinder noch klein sind, bedeutet der Kontakt zu anderen Eltern eine große Hilfe. Sie können sich über Erziehung austauschen und sich gegenseitig Tipps geben, wie man sich auch als Eltern nicht ganz in der Familie verliert. Außerdem kann sich eine Elterngruppe gemeinsam ein Thema vornehmen, z.B. Umgang mit Spielzeug, Tagesablauf bei kleinen Kindern oder Sinn und Unsinn von Strafen.

Sie können auch mit Hilfe bestimmter *Übungen* an sich selbst arbeiten (siehe Literaturverzeichnis). Das wird sich positiv auf die Pflege der partnerschaftlichen Beziehung und auf die Erziehung der Kinder auswirken, da Sie dank dieses Übens Einsicht in Ihre vielfach unbewussten Charaktereigenschaften und Einseitigkeiten bekommen.

Sorglosen Lächelns
die Lippen geschürzt,
fröhlich die blühenden
Wangen gerötet,
tanzen wir Kinder des Glücks
unsre sonnigen Pfade dahin.

Christian Morgenstern

Vom täglichen Leben mit Kindern

Für das kleine Kind ist jeder Tag ein neues Abenteuer. So vieles gibt es zu entdecken, so viele neue Erfahrungen sind zu machen, so viel ist zu lernen, nicht nur tastend, schmeckend, hörend, sehend, sondern auch im fantasievollen Spiel. Die Welt tut sich auf, ihr gilt das Interesse des Kindes. Dass es eine reiche Welt ist, eine Welt, in der es sich heimisch fühlen kann, dazu können die Erwachsenen beitragen. Dabei reicht das Spektrum weit: von Ernährung und Kleidung bis hin zum Spiel und zu Geschichten und Rhythmen. Von dem, was alles zu bedenken ist, soll im Folgenden die Rede sein, als Anregung für die Eltern, aber auch als Ermutigung, die eigene Fantasie walten zu lassen.

Ernährung

Leitmotive in der Ernährung

Im Laufe der Kleinkindzeit wird sich die Ernährung so verändern, dass die warme Mahlzeit deftiger wird und dass zum gekochten Gemüse nun auch Rohkost gegeben wird. Allmählich wird die *Geschmackspalette* größer: Zu den ausschließlich süßen oder leicht säuerlichen Gerichten kommen jetzt auch gewürzte und salzige, ja sogar bittere hinzu.

Bei der Ernährungsfrage geht man von der Erkenntnis aus, dass die kindlichen Organe bereits eine gewisse Reife haben müssen, bevor sie Erwachsenenkost verarbeiten können. Natürlich müssen hierbei auch immer die *individuellen Verdauungsmöglichkeiten* des Kindes berücksichtigt werden. Was die Essenszeiten anbelangt, so wird sich das Kind nach dem ersten Lebensjahr in der Regel dem Rhythmus der Erwachsenen angepasst haben.

Wenn die Kleinen dasselbe essen wollen wie die Großen …

Es ist gar nicht leicht einzurichten, dass das Kind, das immer öfter am gemeinsamen Essen teilnimmt, sein *eigenes Tempo* in Bezug auf die Ernährung entwickeln kann. Viele Kinder wollen aus einem gesunden Nachahmungsdrang das Gleiche essen wie die anderen. Der Erzieher muss ganz schön einfallsreich sein, um diesem Wunsch nachzukommen, gleichzeitig aber auch dem Kind das zu geben, was es nötig hat. Sie können z.B. dem Kind zuerst seinen eigenen Teller geben und danach ein wenig von dem Essen der Großen. Wenn das Kind schließlich mit den anderen mitessen darf, muss der Speiseplan an die *Verdauungsmöglichkeiten des Kleinkindes* angepasst werden. Auf diesem Gebiet gibt es übrigens ausgezeichnete Kochbücher mit vielen praktischen Ratschlägen (siehe Literaturverzeichnis S. 155).

Im Laufe der Zeit wird sich herausstellen, was das Kind lecker findet und was nicht. Jedes Kind hat nun einmal eine gewisse einseitige Veranlagung, die man mit der Ernährung verstärken oder gegebenenfalls auch ausgleichen kann.

Die Rolle der Verdauung

Ein *einjähriges Kind* hat bereits verschiedene Geschmacksrichtungen kennen gelernt, und seine Verdauung ist längst imstande, viele andere Nahrungsmittel als nur Muttermilch zu verarbeiten. Dennoch ist es auch im *zweiten Lebensjahr* wichtig, dem Kind Zeit zu lassen bei der Gewöhnung an neue Geschmacksvarianten und Lebensmittel. Da das Kind in dieser Phase gehen, sprechen und denken lernt, ist es nicht immer imstande, auch noch genügend Aufmerksamkeit und Kraft aufzubringen, um allerlei unbekannte Lebensmittel zu verdauen. Je älter das Kind wird, desto leichter arbeitet die Verdauung; in dieser Hinsicht spielt sich hier eine Art Lernprozess ab. Natürlich sollte eine angenehme, entspannte Atmosphäre bei Tisch herrschen und das Essen gut schmecken. So kann sich ein gesundes Verdauungssystem entwickeln.

Jeder Typ hat seinen eigenen Geschmack

Kinder, die *ein wenig pummelig* und auch *ruhiger Natur* sind, geben oft süßen, warmen und sämigen Gerichten den Vorzug. Diese Art Speisen kommt ihrer natürlichen Veranlagung entgegen. Kinder dagegen, die *eher mager sind* und einen *lebhaften wachen Charakter* haben, bevorzugen häufig herzhafte Kost, bei der es etwas zu kauen gibt, wie Rohkost. Gerade diese Art Nahrung hat eine *aktivierende Wirkung*. Aus Erfahrung weiß man, dass «entgegengesetzte» Nahrung das Kind etwas mehr ins Gleichgewicht bringt. Also kann der Erzieher gegebenenfalls über die Ernährung ausgleichend wirken. Nach wie vor aber gilt, dass Essen immer eine *freudige Angelegenheit* sein sollte!

Zur Qualität der Nahrung

Die Qualität der Nahrung ist für das kleine Kind noch wichtiger als für den Erwachsenen, denn in den Kinderjahren wird die Grundlage für das spätere Leben geschaffen.

Einige Tipps zur Qualität der Nahrungsmittel

- Werden *Kunstdünger* und *Kunstlicht* im Anbau eingesetzt, so entsteht eine schwache Lebensstruktur: Der natürliche Widerstand der Pflanze nimmt ab, und Schädlingsbekämpfungsmittel sind notwendig, um die Gewächse gegen Krankheiten und Seuchen zu schützen.
- Bekommt eine Pflanze jedoch die Möglichkeit, auf einem mit *organischem Dünger* angereicherten Boden im eigenen Tempo zu wachsen und auszureifen, so wird ihre Lebensstruktur kräftiger, und ihr natürlicher Widerstand nimmt zu. Außerdem steigern sich Geschmack und Haltbarkeit.
- In der *biologischen* und *biologisch-dynamischen* Landwirtschaft arbeitet man ohne Kunstdünger und Insektizide. In der biologisch-dynamischen Landwirtschaft werden darüber hinaus noch besondere Maßnahmen getroffen, um die Lebensstruktur zu stärken. Man könnte auch sagen, dass die Produkte eine kräftigere «Identität» bekommen.

Ernährungsgesichtspunkte

Die Ernährung für Kinder sollte *vollwertig* sein, weil sie eine Vielzahl *vitaler Bereiche* gesund erhalten muss. Zuallererst sind die *Sinne* an der Ernährung beteiligt: Die Speisen sollten schmackhaft aussehen und das Kind dazu anregen, richtig zu riechen, zu schmecken und zu kauen. Die Ernährung sollte das Wachstum unterstützen und das Essen so auf das Kind abgestimmt sein, dass es sich wohl fühlt und weder lustlos noch hyperaktiv wirkt. Wir bevorzugen eine lacto-vegetabile Ernährung, die aus Getreide, Milcherzeugnissen, Eiern (in Maßen), Gemüse und Obst besteht, eventuell durch Nüsse, Samen und Linsen ergänzt.

Zahnpflege

Abweichungen

Mögliche *Fehlstellungen und Schädigungen* des Gebisses werden sichtbar, wenn alle Milchzähne vorhanden sind. Einige der Schäden werden hier kurz dargestellt.

- Auf dem *Zahnschmelz* können Oberflächenschäden in Form von Verfärbungen oder winzigen Löchern vorkommen. Diese können ihren Ursprung in der *Schwangerschaft* haben, wenn die werdende Mutter *Antibiotika* eingenommen hat oder bestimmte Ereignisse sie stark *emotional getroffen* haben. Diese Störungen betreffen aber nur das Milchgebiss, denn die bleibenden Zähne bilden sich erst nach der Geburt.
- Eine Störung der Zahnschmelzbildung bedeutet nicht unbedingt, dass der Schmelz an den entsprechenden Stellen schwach oder angreifbar ist. Eine gute *Zahnpflege* reicht zumeist aus, um die Zähne vor Karies zu schützen. Wenn nötig, kann der Zahnarzt die Zähne versiegeln.
- Heutzutage kommen häufig tiefe Furchen (Fissuren) in den Seitenzähnen vor, in denen die Schmelzschicht dünn ist oder sogar teilweise fehlt, sodass sich hier leicht Zahnbelag absetzt und Karies entsteht. Diese Störung kann sehr gut prophylaktisch behandelt werden, indem die Furchen mit Kunststoff ausgefüllt werden.
- Auch beim Milchgebiss stellt man immer öfter *Fehlstellungen der Zähne* und *Deformierungen des Kiefers* fest. Normalerweise bildet der Zahnbogen des Milchgebisses einen schönen halben Kreis mit kleinen Zwischenräumen. Untere und obere Backenzähne sollten beim Zubeißen exakt aufeinander treffen, die oberen Schneidezähne jedoch ein wenig die unteren Zähne übergreifen.

Phasen der Gebissentwicklung

Etwa Anfang *des zweiten Lebensjahrs* sind im Allgemeinen alle Schneidezähne durchgebrochen. Meistens dauert es noch eine Weile, bis die ersten Backenzähne im Ober- und Unterkiefer erscheinen. Als nächstes kommen die Eckzähne zum Vorschein. Das geschieht etwa gegen *Ende des zweiten Lebensjahrs*. Zum Schluss brechen im Alter von etwa *zweieinhalb Jahren* die letzten Backenzähne durch, und somit ist das Milchgebiss, bestehend aus zwanzig Zähnen, komplett.
Sowohl der Durchbruch der ersten Milchzähne als auch die Vollendung des Milchgebisses stehen am Anfang neuer *Entwicklungsphasen*. Sobald die ersten Milchzähne durchgebrochen sind, verändert sich die Mundhöhle. Auch die Zunge entwickelt sich, um die Schluckbewegung machen zu können, die zur Aufnahme fester Nahrung notwendig ist. Damit kündigt sich im Grunde die Loslösung von der Mutterbrust bzw. vom Fläschchensaugen an. Die Zunge fängt an, im Sinnesbereich aktiv zu werden; sie sollte schmecken, abtasten und wahrnehmen und ist außerdem für die Entwicklung eines harmonischen Zahnbogens mit verantwortlich.

Etwaige Fehlstellungen können die Folge einer falschen Schluckgewohnheit sein, die durch einen Schnuller entstanden ist. Da sich im Mund durch das ständige Saugen bei jedem Schluckreflex ein Vakuum bildet, kann auf die Dauer durch dieses permanent wirksame Kräftefeld leicht ein «offener Biss» entstehen, d.h. dass Ober- und Unterkiefer nicht richtig ineinander greifen. Dieser fehlerhafte Biss ist oft gar nicht leicht zu beheben.

- Fehlstellungen stehen oft im Zusammenhang mit einer *nicht harmonisch verlaufenden motorischen Entwicklung*. Wird letztere frühzeitig erkannt, so können Kinderarzt und Eltern noch Abhilfe schaffen.

Zähne putzen

Solange nicht alle Milchzähne durchgekommen sind, ist das richtige Putzen noch nicht notwendig, denn die Zähne sind noch reichlich von Speichel umgeben, sodass schädliche Einflüsse genügend neutralisiert werden, sofern der *Zuckerkonsum* nicht übermäßig stark ist.

Zahnbelag regelmäßig entfernen

Kontrollieren Sie die Zähne aber regelmäßig auf *Zahnbelag.* Dieser bildet sich vor allem beim Übergang vom Zahnfleisch zum Zahn. Man kann die weiche weiße Schicht leicht entfernen, z.B. mit einem Gazebausch oder indem man vorsichtig putzt.

Die Zahnbürste: oft unangenehm

Bevor nicht die gesamten Milchzähne durchgebrochen sind, beherrscht das Kind den Schluckreflex noch nicht, ist also nicht imstande, den Mund zu spülen. Zähneputzen fällt manchen Kindern in diesem Stadium noch schwer, und sie ertragen nicht immer die Zahnbürste im Mund.

Einige Tipps zum Umgang mit der Zahnpflege:

- Es empfiehlt sich, das Kind *zuschauen* zu lassen, während die Eltern ihre Zähne putzen. So gewöhnt sich das Kind an diese tägliche Verrichtung.
- Es lohnt sich, dem Kind bereits *früh* eine eigene Zahnbürste zu geben, auch wenn auf dieser nur herumgenuckelt und herumgekaut wird. Achten Sie aber darauf, dass das Kind nicht mit der Bürste im Mund herumläuft, denn falls es dabei fällt oder sich stößt, können lebensgefährliche Verletzungen die Folge sein!
- Ist das Kind so weit, dass es die Zahnbürste im Mund aushält, kann man mit dem Zähneputzen beginnen. Am besten machen Sie es nach folgender Methode: Bewegen Sie die Bürste auf den Kauflächen der Backenzähne von vorne nach hinten und kippen Sie die Bürste nacheinander zur Zungenseite und zur Backenseite hin. Danach beißt das Kind die Zähne zusammen und Sie putzen die Zähne weiter in horizontaler Richtung.

- Geben Sie dem Kind eine weiche Kinderbürste. Solange das Kind noch nicht imstande ist, richtig zu spülen, sollte man sehr sparsam mit *Zahncreme* sein oder sie ganz weglassen, denn viele Kinder verschlucken die Zahncreme. Deren Grundbestandteile sollten nicht in den *Magen-Darmtrakt* gelangen. Gibt man Kindern, die gerade erst das Zähneputzen lernen, Zahncreme auf die Bürste, werden sie eher davon naschen als damit putzen.
- Sorgen Sie dafür, dass das Zähneputzen Teil eines festen *Rituals* ist. So verringern Sie den Widerstand des Kindes.
- Auch wenn ein Kind den Mund gut spülen kann, ist es ratsam, Zahncreme *sparsam* aufzutragen; eine Portion so groß wie eine kleine Erbse reicht völlig aus.
- Will Ihr kleines Kind seine Zähne selbst putzen, so sollten Sie noch einmal *nachputzen*. Dieses «Nachputzen» können Sie bis ins Alter von etwa zehn Jahren pflegen. Putzen ist, was die *Motorik* betrifft, ein schwieriger Vorgang, dem nicht immer genügend Aufmerksamkeit und Geduld geschenkt wird.
- Manche Kinder schieben immer wieder reflexartig die Zahnbürste aus dem Mund, sodass die unteren Backenzähne, vor allem an der Innenseite, nicht gründlich gereinigt werden. In diesem Fall setzen Sie die Zahnbürste quer auf den Zahnbogen und putzen dabei von vorne nach hinten. Sorgen Sie dafür, dass Sie mit dem Kind *in gleicher Augenhöhe* sind oder legen Sie seinen Kopf in Ihren Arm, sodass der Mund gut zugänglich ist. Ein Nachteil dieser Haltung ist allerdings, dass der Speichel leicht in den Hals gelangt, wodurch ein lästiger Schluckreflex ausgelöst wird.

Zucker

Aus den bisherigen Ausführungen geht bereits hervor, dass Zucker *kein* notwendiger Bestandteil der Ernährung ist. Im Hinblick auf die Entwicklung der Zähne kann man vom Zuckerkonsum nur abraten. Zucker wird durch die Mundbakterien in Säuren umgesetzt, aber auch in Zahnbelag, der die Bildung der Säure noch verstärkt. Je nach Zusammensetzung des Speichels kann die Ein-

Fluor und andere Mineralien
Den Eltern wird im Allgemeinen empfohlen, nach den ersten Lebenswochen eine *prophylaktische Fluortherapie* zu beginnen, um auf diese Weise die Zahnschmelzbildung zu fördern. Fluor ist ein sehr reaktionsfähiger Stoff; es besitzt die Eigenschaft, alle Enzymreaktionen beeinflussen zu können. Jeder Mensch reagiert ganz individuell auf diese Substanz, und die Verträglichkeit ist sehr unterschiedlich. Im Ernährungsbereich kann viel für die gesunde Entwicklung der Zähne getan werden. Bei der Bildung des Gebisses spielen neben Fluor noch eine Anzahl anderer Wirkstoffe eine wichtige Rolle, nämlich *Magnesium, Kalzium, Phosphor und Kiesel.* Durch gute Ernährung mit einem vielseitigen Angebot an (Vollkorn-)Getreide und Blattgemüse bekommt das Kind eine ausreichende Menge von jedem dieser Baustoffe geliefert. Viele Mineralwasser enthalten die für die Zähne wichtigen Mineralien Fluor, Magnesium und Kalzium.

wirkung der Säuren 30 bis 40 Minuten dauern. Wiederholter Konsum von Zucker oder zuckerhaltigen Getränken, süßem Brotbelag (u.a. Honig) und Süßigkeiten verursacht eine permanente Anwesenheit von Säuren im Mundbereich, wodurch Karies gefördert wird. Auch Frucht(dick)säfte enthalten oft außer Fruchtsäuren eine hohe Konzentration an Zucker. Gesunde Getränke sind: (Mineral-)Wasser, Früchte- oder Blütentee und frischer Obst- und Gemüsesaft.

Regeln für den Konsum von Süßigkeiten

Selbstverständlich hat jedes Kind ein *Bedürfnis nach Süßem.* Will man diesem Bedürfnis auf eine verantwortungsvolle Weise gerecht werden, muss man dem Kind klare Grenzen ziehen, was den Zuckergenuss betrifft. Eine *deutliche Regel* könnte so aussehen: Einmal am Tag ein Butterbrot mit süßem Aufstrich (und anschließend Zähne putzen!) und einmal etwas Süßes, z.B. ein Bonbon oder ein Plätzchen.

Dem Bedürfnis des Kindes nach Süßem auf verantwortungsvolle Weise gerecht werden …

Karies

Trotz sorgfältiger und regelmäßiger Zahnpflege wird der Zahnschmelz manchmal doch angegriffen. Unter normalen Umständen tritt dies selten vor dem *dritten Lebensjahr* auf. Dank der modernen Materialien und Techniken ist es in den meisten Fällen möglich, dass der Zahnarzt ohne Bohren den Zahn mit einer (vorläufigen) Füllung versorgt, sodass der erste Zahnarztbesuch nicht gleich zu einer traumatischen Angelegenheit werden muss.

Karies begünstigende Faktoren

Ob das Kind leicht Karies bekommt, ist auch noch von individuellen Faktoren abhängig. Ebenso wie bei Kinderkrankheiten ist das eine Kind nun einmal anfälliger als das andere. Hierbei spielt die Qualität des Speichels eine große Rolle; sie hängt z.B. davon ab, ob das Kind sich in seiner Haut wohl fühlt, wie viel Sinneseindrücke es täglich verarbeiten muss und wie stark die intellektuelle Belastung ist.

«Babyfläschchenkaries»

Eine Form der Karies, die sich bereits sehr früh, manchmal gleich nach dem Durchbruch der Zähne, entwickelt, ist die so genannte *Babyfläschchen-Karies*. Sie wird dadurch gefördert, dass das Kind zwischendurch immer wieder an einem Fläschchen mit Milch, (verdünntem) Fruchtsaft oder gesüßtem Tee nuckeln durfte.

Diese Gewohnheit ist für den Zahnschmelz genauso verheerend, wie wenn man als eine Art Schlafmittel den Schnuller in Honig tauchen würde. Vor allem nachts richten solche Fläschchen großen Schaden an, weil durch das viele Trinken die Speichelproduktion stark vermindert wird!

Erster Zahnarztbesuch

Erst im Alter von *zweieinhalb bis drei Jahren* ist das Kind imstande, zu begreifen, was der Sinn einer *Zahnkontrolle* ist. Meistens wird es in der Zahnarztpraxis willig in dem Stuhl (vorläufig auf dem Schoß der Mutter) Platz nehmen und die Zähne kontrollieren lassen. Es bietet sich an, das Kind vorher schon einmal zu einem eigenen Kontrolltermin mitzunehmen, denn dadurch ist das Kind bereits mit Behandlungszimmer und Zahnarzt vertraut.

Zur sogenannten kindlichen Sexualität

Das Kind möchte natürlicherweise seinen Körper vom Scheitel bis zur Sohle kennen lernen, und dazu gehören auch die *Geschlechtsorgane*. Im Mittelpunkt des Interesses steht seine eigene kleine Person, und es ist vollauf damit beschäftigt, einfache, aber essenzielle körperliche Erfahrungen zu sammeln. Erst in der Pubertät wird als Zeichen der biologischen Reife die *sexuelle Komponente* frei, die sich auf einen anderen Menschen, auf einen Partner richtet.

Frühe Kindheit: Bedürfnis nach körperlicher Nähe

In der frühesten Kindheit haben die Eltern sehr viel *körperlichen Kontakt* mit den Kindern. Er findet bei jeder pflegerischen Handlung statt oder wenn man das Kind auf dem Arm trägt, auf den Schoß nimmt, mit ihm schmust oder sonst liebevoll mit ihm umgeht. Das Bedürfnis nach körperlicher Nähe ist bei jedem Kind anders und wird sich auch beim Größerwerden ändern. Oft haben auch größere Kinder noch ein Verlangen nach körperlichem Kontakt; das äußert sich z.B. darin, dass sie sich *gegenseitig schubsen, miteinander rangeln* oder *sich raufen*. Aber auch die Großen mögen es durchaus, wenn man sie einmal an sich drückt oder sie sogar auf den Schoß nimmt.

Schamgefühle treten meistens zwischen dem dritten und vierten Lebensjahr zum ersten Mal auf. In der Zeit davor finden es Kinder in der Regel herrlich, ohne Windel nackt herum zu krabbeln oder zu laufen. Es vermittelt ihnen ein Gefühl von Freiheit und gibt ihnen Gelegenheit, ihren eigenen Körper zu entdecken.

Wenn es zu Hause üblich ist, dass Eltern und Geschwister einander nackt sehen, z.B. im Badezimmer, werden die Kinder am ehesten ein unbekümmertes Verhältnis zur Nacktheit entwickeln.

Respektieren Sie die Schamgefühle Ihres Kindes

Wenn das Kind anfängt sich zu *genieren* –, für jedes Kind kommt irgendwann dieser Zeitpunkt – ist das eine objektive Erscheinung, die unabhängig von äußerlichen Einflüssen auftritt. Deshalb sollte man diese Schamgefühle unbedingt respektieren. Ist es dem Kind jetzt peinlich, wenn die Tante ihm einen Kuss gibt oder der Onkel es auf den Schoß nimmt, so sollte man es *nicht dazu zwingen.*

Den eigenen Körper genießen – eine völlig normale Sache

Kinder *streicheln sich selbst* manchmal vor dem Einschlafen oder zu anderen Tageszeiten. Mädchen wippen gerne auf dem Bauch oder klemmen einen Teddybär zwischen die Beine, und Buben spielen mit ihrem Pimmel. Das vermittelt ihnen ein angenehmes Gefühl. Geschieht dies in einem ungeeigneten Augenblick, z.B. wenn Besuch da ist, so sollten Sie das Kind *in Schutz nehmen*, weil es noch nicht weiß, wie andere Menschen darauf reagieren. Bis zum Alter von *zwei Jahren* nehmen die meisten Kinder den Unterschied zwischen Mann und Frau noch nicht bewusst wahr; es ist, als ob sie durch die anatomische Erscheinung hindurchschauten und den Erwachsenen unmittelbar in seiner Eigenschaft als Papa oder Mama erlebten. Der Zeitpunkt, in dem sie diesen Unterschied bewusst wahrnehmen und z.B. merken, dass Buben anders pinkeln als Mädchen, fällt generell mit dem Sauberwerden zusammen (im Alter von *zwei bis drei Jahren*).

«Schmutzige Wörter» – wie gehen wir damit um?

In diesem Alter macht es den Kindern Spaß, *«schmutzige» Wörter* zu gebrauchen. Gewöhnlich fängt es an mit «pipi» und «kaka», aber bald wird der Sprachgebrauch richtig derb und die Kinder kichern dabei in einem fort. Diese Ausdrücke schnappen

«Doktorspiele»

Drei- bis vierjährige Kinder lieben es, «Arzt zu spielen». Dieses Spiel geschieht aus der Nachahmung heraus, denn die Kinder sind inzwischen dem Arzt schon verschiedene Male begegnet. An der behutsamen und fürsorglichen Art, mit der sie im Spiel z.B. die Lunge abhören oder den Bauch abtasten, kann man ersehen, dass nicht nur die Nacktheit des Körpers erlebt wird, sondern dass sie wohl wahrgenommen haben, wie umsichtig man mit dem Körper umgehen muss. Darf man als Eltern bei diesem Spiel sogar manchmal mitmachen, so kann man in diesem Sinne lenkend wirken.
Beim «Arztspielen» gelten zwei strenge *Regeln:* Erstens dürfen niemals Nadeln oder andere Gegenstände in irgendeine Körperöffnung eingeführt werden. Zweitens müssen Kinder es akzeptieren, wenn eines der Mitspielenden z.B. nicht der Patient sein will. Vielleicht kann der Teddybär seinen Platz einnehmen.
Wenn Sie sehen, dass das Spiel zu einseitig wird und sich nur noch um die Geschlechtsorgane dreht, können Sie das Interesse auf ein neues Gebiet lenken, indem Sie z.B. Verbandzeug und ein Tuch für eine Armschlinge mit ins Spiel bringen, so dass der Arzt nun auch gebrochene Beine und Arme behandeln kann.

sie in der Kinderkrippe, auf der Straße oder bei den Geschwistern auf. Die Kunst für uns Eltern besteht nun darin, dieser Sache nicht zu viel, aber auch nicht zu wenig Beachtung zu schenken. Am einfachsten ist es, die schmutzigen Ausdrücke zu ignorieren oder konsequent zu sagen, man wolle das nicht hören. Manchmal kann man aber auch durch Übertreibung schnelle Abhilfe schaffen, indem alle zusammen fünf Minuten lang derbe Ausdrücke sagen dürfen.

Natürlich tauchen jetzt auch Fragen auf, z.B. «Woher kommt das Baby?» Heute glaubt man, den Kindern auf alle Fragen *schonungs-*

Ab wann und wie reden wir mit Kindern über sexuelle Themen?

los offen und ehrlich antworten zu müssen. Damit wird man aber dem kleinen Kind nicht gerecht, denn seine Auffassungsgabe und sein Einfühlungsvermögen sind noch nicht genügend entwickelt, um eine «technische» Darstellung zu verarbeiten. Mit einer *bildhaften Geschichte* dagegen kann es etwas anfangen. Den Kindern wird z.B. erzählt, wie der Storch aus einem fernen Land (Kosmos, Himmel) mit rauschendem Flügelschlag durch die Lüfte fliegt, um an dem Ort, wo das Kind wohnen wird, ein Nest zu suchen und ein Kindchen zu bringen. Andere Eltern sprechen von einem Engel oder von Gott und erzählen, wie die Mutter dem auf die Erde kommenden Kind in ihrem Bauch ein Haus bereitet. Auch das Sinnbild vom Regenbogen, über den das Brüderchen oder Schwesterchen kommt, wird manchmal angewandt. Über die *spirituelle Seite* des menschlichen Lebens kann allerdings nur derjenige Mensch sinnvoll sprechen, der selbst von der Existenz einer geistigen Welt durchdrungen ist.

Verhaltensregeln, die das Kind schützen sollen

Bis jetzt wurden die positive Wirkung des körperlichen Kontaktes und das natürliche Verlangen danach hervorgehoben. Der *sexuelle Missbrauch* knüpft gerade an das unbegrenzte Vertrauen des Kindes an. Er wird häufiger von Menschen in der unmittelbaren Umgebung betrieben als von dem sogenannten «fremden Mann». Im Hinblick darauf empfiehlt es sich, dem Kind frühzeitig die Gewohnheit beizubringen, immer erst zu fragen, ob es mit jemandem mitgehen darf, auch wenn es sich um einen Freund oder eine Freundin handelt. So wissen die Eltern jederzeit, wo ihr Kind ist.

Sauberwerden

Sauberwerden ist ein wesentlicher, notwendiger Vorgang in der kindlichen Entwicklung. Ist das Kind sauber, so hat es einen Meilenstein im Kleinkinddasein erreicht, auch weil es selbst dabei tätig werden muss. Eltern können ihm dabei helfen, indem sie die *richtigen Bedingungen* schaffen und die Bemühungen zuversichtlich unterstützen.

Mit ungefähr *eineinhalb Jahren* ist das Kind imstande, die Schließmuskeln von Blase und Anus zu beherrschen. Vom *dritten Lebensjahr* an kommen die meisten Kinder dann auch ohne Windeln aus, zumindest tagsüber.

Einige Tipps zum Umgang mit dem Sauberwerden:

- Der erste Schritt des Prozesses des Sauberwerdens ist der, dass das Kind *verschwommen spürt*, dass im Unterleib «irgendetwas passiert» ist.
- Als Nächstes nimmt es den Moment als *gegenwärtig* wahr, in dem sich «da unten etwas abspielt».
- In einem weiteren Stadium spürt es *im Voraus*, dass bald «etwas kommen wird».
- Schafft das Kind es, diesen Drang, der allmählich bis ins Bewusstsein gelangt ist, aufzuschieben, bis es das Töpfchen oder das Klo erreicht hat, so ist das Ziel erreicht. Manche Kinder werden innerhalb weniger Tage sauber, andere brauchen Wochen oder Monate dazu.

Gute Gewohnheiten als Hilfen beim Sauberwerden

Je stärker Sie als Eltern *wollen*, dass das Kind sauber wird und dem Kind Ihren Willen aufzwingen, desto eher wird es sich dagegen sträuben und nicht mitmachen. Das heißt noch lange nicht, dass Sie aus Angst vor möglichem Widerstand nichts unternehmen dürfen. Sie können eine ganze Reihe guter Gewohnheiten einführen, die ein Klima schaffen, in dem das Kind bereit ist, mitzuarbeiten.

Machen Sie den Gang zum Töpfchen oder Klo ohne viel Aufhebens zur festen Gewohnheit. Sowohl auf ein positives als auch auf ein negatives Ergebnis reagieren Sie mit gleichbleibender Gelassenheit. Der Gang zur Toilette muss Teil des *alltäglichen Lebens* werden.

Als Eltern sollten Sie sich für diejenige Strategie entscheiden, welche am besten zu Ihrem Kind und zu Ihnen passt:

- Macht das Kind durch sein Verhalten deutlich, dass es im Unterleib etwas spürt, indem es darüber etwas sagt, auf einmal aufs Töpfchen oder Klo möchte, hin- und herschaukelt oder an seine Hose greift, so sollten Sie auf jedes dieser Zeichen reagieren und geduldig das Töpfchen bereithalten oder mit dem Kind zur Toilette gehen. So verpassen Sie nicht die ersten Chancen, denn bestimmte Kinder reagieren darauf direkt in guter Weise.

Ist das nicht der Fall, so gibt es folgende Möglichkeiten:

- Sie warten das *nächste* deutliche Zeichen ab.
- Sie setzen das Kind *zu festen Zeitpunkten* aufs Töpfchen oder nehmen es mit zum Klo. Günstige Tageszeiten, in denen man hoffen kann, etwas aufzufangen, sind nach dem Essen und nach dem Schlafen. Lassen Sie das Kind nicht zu lange (fünf Minuten sind lang genug) und nicht zu häufig auf dem Töpfchen oder Klo sitzen. Versuchen Sie herauszufinden, ob das Kind bei diesem Ritual Wert auf Gesellschaft legt oder nicht.
- Warten Sie warmes Sommerwetter ab und lassen Sie während etwa vierzehn Tagen das Kind *tagsüber ohne Windel* herumlaufen. Indem auf einmal ein Bächlein die Beine herunterläuft, merken die Kinder in der Regel schnell, dass das nasse Gefühl mit dem Pinkeln zusammenhängt. Während der nächsten Stufe, dem rechtzeitigen Spüren, dass es aufs Töpfchen muss, sollte man es so einrichten, dass immer ein Töpfchen oder Klo in der Nähe ist. Hat diese Vorgehensweise nach zwei Wochen nicht den gewünschten Erfolg, so sollten Sie wieder mit Windeln anfangen und es nach einer Woche *abermals versuchen*.
- Wählen Sie den richtigen Zeitpunkt, um mit dem Toilettentraining anzufangen, also z.B. nicht gerade dann, wenn Festtage nahen oder ein neues Geschwisterchen jeden Tag erwartet wird oder gerade geboren ist.

Möglicherweise trägt der Gebrauch von *Papierwindeln* dazu bei, dass heutzutage das Sauberwerden so spät in Gang kommt. Die perfekte Trockenschicht hindert das Kind daran zu fühlen, dass sich in der Windel etwas abspielt. *Baumwollwindeln* sind aus diesem Grund und aus ökologischen Gesichtspunkten besser als Wegwerfwindeln.

Töpfchen oder Klo?

Ein stabiles Töpfchen ist ein gutes Hilfsmittel beim Sauberwerden. Wird das Töpfchen irgendwann im Laufe des *zweiten Lebensjahrs* ins Haus geholt, so kann das Kind sich an den Anblick gewöhnen. Manche Kinder gehen lieber von Anfang an aufs Klo. Das ist nicht so erstaunlich, denn heutzutage hat niemand mehr einen *Nachttopf* im Haus; daher ist der Gebrauch auch nicht mehr so selbstverständlich für Kinder wie früher.

Beim Gebrauch des Klos gibt es einige *praktische Hilfsmittel*. Eine spezielle Klosettbrille für Kinder verhindert, dass das Kind Angst hat, ins Klosettbecken zu rutschen, und ein niedriger Hocker vor dem Klo sorgt dafür, dass es sich ohne Hilfe hinsetzen kann.

Rückfall

Bei Kindern, die bereits aus den Windeln herausgewachsen sind, tritt manchmal in dem Moment ein Rückfall ein, in dem sie Aufregendes erleben, z.B. die Geburt eines Geschwisterchens, eine Übernachtung an einem fremden Ort oder ein Fest. Hier lautet die Devise: an den vertrauten Gewohnheiten festhalten und sich nicht aufregen. Auch Krankheit oder Lustlosigkeit, kalte Füße oder ungenügend warme Kleidung können das Sauberwerden hinauszögern. In diesen Fällen sollte man für schnelle Abhilfe sorgen.

Was tun bei Verstopfung?

Leidet das Kind an *Verstopfung*, so kann das zu diversen Problemen führen. Unter Umständen ist der Stuhlgang dadurch *schmerzhaft*; auch findet man manchmal Spuren von Stuhlgang in der Unterwäsche. In diesem Fall sollten Sie dafür sorgen, dass die Nahrung *abführend* wirkt (Vollkornbrot, Vollwertreis usw.) und dass das Kind genügend trinkt. Gegebenenfalls geben Sie dem Kind zusätzlich Orangensaft oder etwas anderes Verdauungsanregendes. Richten Sie es so ein, dass das Kind in aller Ruhe auf die Toilette gehen kann. Wenn nötig, wenden Sie sich an den Kinderarzt.

Achten Sie darauf, dass Sie im alltäglichen Tun Hygiene und Sauberkeit nicht *überbetonen*; das Kind könnte sich sonst vor dem Stuhlgang und allem, was damit zusammenhängt, übertrieben ekeln und mit Verstopfung reagieren. Ein solches Kind muss unbedingt erleben, wie viel Spaß es macht, sich richtig dreckig zu machen, z.B. beim Spielen mit Wasser und Sand.

Die «kleinen Katastrophen»: kein Grund zur Panik

Kleine «Unfälle» passieren meistens dann, wenn das Kind so sehr in seinem Spiel aufgeht, dass es die körperlichen «Signale» *zu spät* bemerkt. Auch hier kann man dem Kind helfend zur Seite stehen, indem man es zwischendurch daran erinnert oder es kurzerhand zum Klo bringt.

Kinderkleidung

Wie man das Kind anzieht, ist selbstverständlich eine individuelle Angelegenheit. Neben dem *persönlichen Geschmack* der Eltern gibt es jedoch auch *objektive Gesichtspunkte*. Im Folgenden möchten wir einige Aspekte schildern, die bei der Kinderkleidung wichtig sind. Im Vordergrund stehen die *Pflege der Wärmehülle* und die *Bevorzugung natürlicher Materialien.*

Wärmehaushalt

Die Körpertemperatur des *Säuglings* lässt sich direkt durch Kleidung und Bettzeug beeinflussen. Ist das Baby *zu warm* angezogen oder seine Bettdecke zu dick, so schwitzt es leicht, und seine Körpertemperatur steigt. Ist es *nicht warm genug* angezogen oder *ungenügend zugedeckt*, so nimmt diese ab.

Auch Kleinkinder brauchen noch viel Wärme

Ein *Kleinkind* dagegen reagiert nicht mehr unmittelbar mit seiner Körpertemperatur auf äußere Wärme- und Kälteeinflüsse – ein Zeichen dafür, dass der Wärmehaushalt bereits ein wenig *selbstständiger* geworden ist. Deshalb brauchen wir bei ihm nicht mehr so vor-

Unterwäsche

Es empfiehlt sich dem Kind ein *Wollunterhemd* anzuziehen und dieses nur an wirklich warmen Tagen durch Unterwäsche aus Baumwolle oder Seide zu ersetzen. Heutzutage ist Wollunterwäsche aus weichem Trikot und kitzelt nicht wie die früher selbstgestrickten Leibchen. Die Erfahrung hat gezeigt, dass Kinder, die schon im Säuglingsalter warme Unterwäsche trugen, etwa mit *sieben Jahren* ganz genau wahrnehmen, ob sie es zu kalt oder zu warm haben, und das sogar beschreiben können. Zieht man allerdings einem *dreijährigen Kind* zum ersten Mal ein Wollhemd an, so empfindet es dies zunächst als viel zu warm, denn es dauert eine Weile, bis sich ein Gefühl für die verschiedenen Abstufungen von Wärme und Kälte entwickelt hat. Vielleicht fangen Sie damit an, dass Sie dem Kind zunächst das Wollhemdchen über ein Baumwollhemd oder überhaupt nur ein Seidenhemd anziehen.

Auch ein *Wollhöschen*, das über der Windel oder dem Baumwollunterhöschen getragen wird, hält das Kind wohlig warm. Bei einem kleinen «Unfall» nimmt es die Feuchtigkeit gut auf und fühlt sich nicht klatschnass an, was für Kinder, die eigentlich schon ohne Windeln auskommen, von Vorteil ist, besonders im Winter. Bei kleinen Mädchen schützt solch ein zusätzliches Wollhöschen vor Blasenentzündung.

sichtig zu sein wie beim Säugling. Dennoch kühlt das Kleinkind viel schneller aus als ein Erwachsener. Man sollte es immer etwas wärmer anziehen als sich selbst, auch weil es viel auf dem Boden spielt. Im Übrigen muss man jedesmal abspüren, was es gerade braucht, denn das kleine Kind hat selbst noch kein Gefühl dafür.

Es ist wichtig, dass sich der ganze Körper, bis hin zu den Füßen, angenehm warm anfühlt. Hat das Kind des öfteren kalte Füße oder schwitzt es auffallend stark, so sollte man dies mit dem Kinderarzt besprechen.

Auswahl der Materialien

Für die Pflege des Wärmehaushalts spielt das *Material der Kleidung* eine wesentliche Rolle. Wenn möglich sollten Sie Kleidung aus Naturstoffen, wie naturbelassener Wolle, Seide oder Baumwolle den Vorzug geben, besonders bei den Kleidungsstücken, die direkt auf der Haut getragen werden (siehe Literaturverzeichnis S. 155). Unterwäsche aus Wolle oder Seide ist zwar teuer, dafür aber langlebig. Naturstoffe sollten allerdings in der richtigen Weise gepflegt werden; Handwäsche mit einem Wollwaschmittel ist zu empfehlen.

Ratschläge und Tipps zum Thema Kleidung

Nachts

Den Schlafsack, in dem das Kind während des *ersten Lebensjahres* schlief, kann man ruhig beibehalten, wenn es sich darin wohl fühlt und er seiner Körpergröße entsprechend angepasst wird. Darin bleibt das Kind mollig warm, auch wenn es sich in der Nacht aufdeckt.

Oberbekleidung

Die Oberbekleidung sollte das Kind vorrangig gegen Feuchtigkeit und Kälte schützen. Sie sollte anschmiegsam und leicht sein, so dass sich das Kind darin gut bewegen kann.

Da die ganze Gestalt des Kindes rundlich ist und es noch keine Taille hat (diese erscheint erst um das *fünfte oder sechste Jahr* herum) rutschen Hosen meistens herunter, und ein in die Hose gestopftes Hemd oder T-Shirt bleibt nicht lange drin. *Hosen mit Gummizug oder Trägern* schaffen Abhilfe. Auch eine *Latzhose* gibt dem Kind die nötige Wärme und Bewegungsfreiheit.

Eine *gestrickte Jacke* ist sehr praktisch, denn das Kind kann sie schon bald selbst ausziehen, wenn es nötig ist. *Pullover* sind zwar angenehm zu tragen, aber viele Kinder mögen es gar nicht, wenn man ihnen den Pullover über den Kopf zieht. Man könnte auf einer

Seite vielleicht die Schulternaht auftrennen und stattdessen Knopf und Schlinge annähen.

Zu jeder Tätigkeit gehört eine *bestimmte Kleidung*. Nicht umsonst tragen Bauern, Bäcker, Schaffner, Briefträger oder Monteure Berufskleidung. Kommt das Kind in das Alter, in dem es der Arbeit des Erwachsenen mit großen Augen zuschaut, um sie anschließend *nachzuahmen,* ist geeignete Arbeitskleidung angebracht. Oft hat das An- und Ausziehen eine ordnende Wirkung. Für die Küchenarbeit bindet man sich z.B. eine Schürze um; ist die Arbeit fertig, so bindet man sie wieder ab.

Im Freien

Im Winter ist außer einer warmen Jacke auch ein *Skianzug* sehr praktisch. Eine *Regenhose* mit Hosenträger über der normalen Hose bietet idealen Schutz, wenn das Gras oder der Sand im Sandkasten nass ist. Eine *Mütze* ist im Winter ein *unverzichtbares Kleidungsstück.* Im Sommer darf ein Sonnenhut oder eine Schirmmütze nicht fehlen, besonders nicht am Meer.

Auf dem Fahrrad sind Kinder viel stärker dem Wind ausgesetzt als man gemeinhin denken würde. Ein Korbsitz schützt das kleine Kind am besten.

Kleidung kaufen

Im Allgemeinen ist es angenehmer, Kleidung für die Kinder zu kaufen, ohne dass sie dabei sind. So können die Eltern in aller Ruhe und mit ungeteilter Aufmerksamkeit aussuchen, was ihr Kind braucht. Erst wenn die Kinder viel größer sind, dürfen sie auch selbst aus dem großen Angebot der Läden auswählen. Mit Kinderkleidung, die die Mode der Erwachsenen nachahmt, tut man den Kleinen keinen Gefallen. Denn viel wichtiger als *Eleganz* sind hier *Schutz* und *Bewegungsfreiheit.*

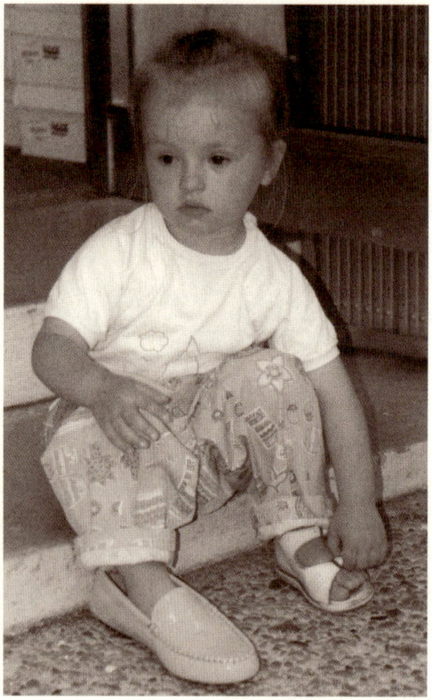

Schuhe

Kleine Kinder finden Schuhe faszinierend. Neue Schuhe werden ausgiebig bewundert, und kleinen Mädchen und Jungen macht es Spaß, in Mutters Schuhen mit hohen Absätzen oder Vaters Arbeitsschuhen herumzulaufen.

Für die Entwicklung der Fußmuskulatur empfiehlt es sich, das Kind zwischen Schuhen, Sandalen und Hausschuhen abwechseln zu lassen. Bei schönem Wetter, wenn Gras, Sand oder Kieselsteine von der Sonne aufgewärmt sind, kann das Kind natürlich auch nach Herzenslust *barfuß* gehen.

In unserem Klima tragen Kinder meist *feste Schuhe.* Beschränken Sie das Tragen von *Gummistiefeln* auf Regenwetter, weil die Füße darin nicht atmen können. Im Sommer sind *Sandalen,* die hinten geschlossen sind und vorne einen breiten oder gekreuzten Riemen haben, am besten geeignet. *Turnschuhe* sind wegen ihrer schlechten Passform nicht zu empfehlen; außerdem sind sie im Winter zu kalt, und im Sommer kann der Fuß nicht atmen, außer wenn das Obermaterial aus Baumwolle ist.

Socken und Hausschuhe

Wollsocken, Strumpfhosen und Hausschuhe halten Füße und Beine der Kinder schön warm. Socken müssen in der Länge und in der Breite so groß sein, dass die Zehen genügend Platz haben. Der obere Rand darf nicht einschnüren. Dehnen Sie Baumwollsocken vor dem Anziehen.

Es ist eine gute Gewohnheit, daheim Hausschuhe oder Hüttenschuhe zu tragen, denn auch dadurch werden die Fußmuskeln geübt. Allerdings sollte die Sohle rutschfest sein.

Beim Kauf von Schuhen sollten Sie auf Folgendes achten:

- Kaufen sie dem Kind erst dann Schuhe, wenn es richtig gehen kann, denn bei den ersten Gehversuchen sind Schuhe eher ein *Hindernis* als eine Hilfe.
- Die Füße müssen sich ungehindert bewegen, beugen und strecken können. Beim Stehen und Gehen werden die Zehen gebraucht, um das *Gleichgewicht* zu halten. Schuhe sollten deshalb auch aus geschmeidigem Leder sein.
- Bei Kleinkindern sollten jeweils nach etwa *drei Monaten* Länge und Breite der Füße nachgemessen werden. Für die Zehen sollte immer genügend Raum vorhanden sein.
- Kaufen Sie Schuhe ohne vorgeformtes Fußbett, so dass der Fuß sich frei und auf seine eigene Weise entwickeln kann. In letzter Zeit wird von verschiedenen Seiten vor Schuhen mit Fußbett gewarnt, da sie auf die Dauer zu *Fehlhaltungen* führen können.
- Schuhe mit *Schnürsenkeln* behalten ihre Passform besser als solche mit *Klettverschluss.*

Spiel und Spielzeug

Das kindliche Spielen: eine «ernste Sache»

Die Freude, die ein Kind am Spielen erlebt, strahlt einem unmittelbar entgegen. Dem wachen Beobachter wird bei einem kleinen Kind, das ganz in sein Spiel versunken ist, einerseits der *Ernst* auffallen, andererseits aber auch, dass es *kein bestimmtes Ziel* vor Augen hat. Das Kind spielt nicht, um zu lernen oder sich zu entwickeln, sondern weil es gerne spielt. Wir werden sogleich einige Aspekte des Kinderspiels näher betrachten.

Aber nicht nur die *Zeit*, auch den *Raum* erleben Kinder in anderer Weise als wir Erwachsenen. Wir kennen dieses Phänomen aus der eigenen Erfahrung. Als Kind erschien uns der Garten des elter-

Spielen, arbeiten und lernen

Spielen ist für eine *gesunde Entwicklung* notwendig. Während des Spiels sammelt das Kind allerlei Erfahrungen und lernt somit das Leben und seine Kultur kennen. Spielen, Arbeiten und Lernen bilden bis zum Grundschulalter eine unverbrüchliche Einheit, eine einzige intensive Erfahrung. Die gesamte Körperbeherrschung, die Entwicklung der *Sinne*, der *Sprache* und des *Denkens* sowie den sozialen Umgang erübt und erwirbt sich das Kind spielend, arbeitend und lernend. Was nehmen wir bei einem spielenden Kind wahr? Es geht völlig in seinem Spiel auf. Je tiefer es in sein Spiel versunken ist, um so mehr scheint es sich außerhalb der Zeit zu befinden.

lichen Hauses riesig groß; sehen wir ihn heute wieder, sind wir erstaunt, wie klein er eigentlich ist.

Das Wissen, dass ein Kleinkind in seinem Spiel *träumt* und dass es Zeit und Raum ganz anders erlebt als wir, kann uns helfen, *gute Bedingungen* für das kindliche Spiel zu schaffen.

Bedingungen des Spiels

Alles, was auf das Kind wie ein *Zeitdruck* wirkt, bedeutet eine *Störung* seines schöpferischen Spiels. Ein Kind erlebt es als Schmerz, wenn es wegen einer Kleinigkeit aus seinem Spiel weggeholt wird. Weiß man im Voraus, dass man das Kind in seinem Spiel wird unterbrechen müssen, sollte man ihm dies vorher *ankündigen*.

Spielen im Kinder- und/oder Wohnzimmer?

Im Allgemeinen sind heute die Wohnungen größer als früher, und es wohnen weniger Menschen in einem Haus. Obwohl viele Klein- und Kindergartenkinder daher über ein *eigenes Kinderzimmer* verfügen, werden sie dort nur selten spielen, denn am liebsten spielen sie da, wo auch der Erwachsene ist. Erst bei Grundschulkindern gewinnt das eigene Zimmer allmählich an Anziehungskraft, aber auch nur dann, wenn sie nicht dorthin verbannt werden.

Das *Wohnzimmer* sollte eigentlich so eingerichtet sein, dass dort sowohl Kinder als auch Erwachsene nach Lust und Laune tätig sein können. Ein gemütliches Zimmer, das zwar nicht groß ist, in dem aber das Kind nach Herzenslust spielen kann, erlebt es als viel geräumiger als ein großes Zimmer, in dem nichts erlaubt ist. Mit dem Sofa z.B. kann man nämlich viel mehr machen als nur darauf sitzen. Man kann sich darunter oder dahinter verstecken. Manchmal ist es sogar ein Boot, in dem man zusammen mit seiner Lieblingspuppe eine Reise machen darf und auf dem man selbst Kapitän ist. Ist man krank, so wird es vielleicht zu einem Bett. Und mit ein Paar Kissen baut man sich ein Haus unter dem Esstisch.

Für das Kind ist es herrlich, wenn der *Garten* so eingerichtet ist, dass es darin Versteck spielen und sich ausgiebig mit Sand und Wasser vergnügen kann. Schon ein großer Baumstamm kann für eine gewisse Abenteuerstimmung im Garten sorgen. Herumliegende Bretter können als Steg oder Sprungbrett dienen; man kann daraus auch eine einfache Hütte bauen. Ein Wäscheständer wird mit einigen Tüchern rasch zum Häuschen umgebaut. Kieselsteine, schöne mitgebrachte Steine aus den Ferien, wunderbar geformte Wurzeln und kleine Baumstämme machen den Garten zum Spielparadies. Wer keinen eigenen Garten zur Verfügung hat, sondern nur einen Balkon, sollte versuchen, ihn so einzurichten, dass ein Kind dort spielen kann.

Auch außerhalb des Gartens gibt es vielerlei zu erleben. Kinder erkunden gerne kleine brachliegende Gelände, streunen am Bach und an Wiesen entlang und freuen sich über den Wald. Regen, Wind und Sonnenschein und abends der Mond und die Sterne sorgen für neue Erfahrungen. Ideal ist es, wenn das Kind jeden Tag *hinausgehen* und selbst *Entdeckungen* machen kann.

Entwicklung des Spiels

Der kindliche Erkundungsdrang

Das Baby ist vollauf damit beschäftigt, seinen eigenen Körper und die Menschen um sich herum kennenzulernen. Je größer das Kind wird, desto weiter wird die Welt. Ein *Ein- oder Zweijähriges* geht im Haus bereits selbstständig auf Erkundungsreise. Dabei wird alles untersucht, ob es nun das Tischbein, der Papierkorb, das Sieb in der Küche oder Socken in der Schublade sind. In einer Schublade, die auf- und zugemacht werden kann, oder hinter der Tür eines Schrankes verbirgt sich immer etwas Geheimnisvolles. In der häuslichen Umgebung gibt es unzählige Dinge, von denen der Erwachsene nur noch die nützliche Seite sieht, an denen das Kind aber noch ganz anderes erlebt.

Im Tun lernt das Kind mit *bestimmten Naturgesetzen,* z.B. mit der Schwerkraft umzugehen. Wirft es etwas vom Kinderstuhl herunter, so schaut es dem fallenden Gegenstand nach und will am liebsten das Experiment wiederholen. Auf ähnliche Weise entdeckt es, dass ein runder Ball immer wegrollt, im Gegensatz zum eckigen Baustein. Das Kind stellt seine *Versuche* so lange an, bis es sich innere Sicherheit über die Dinge erworben hat. Das gibt ihm eine feste Grundlage und Vertrauen in die Welt um sich herum.

Zu diesen *Erkundungen* gehört auch das Spiel mit Sand und Wasser. Im Sand kann man sitzen, man kann damit spielen. Mit feuchtem Sand backt man Kuchen, trockener Sand rinnt im Nu durch die Finger. Wasser macht nass, man schüttet es aus, und es hängt in Tröpfchen an den Fingern.

Beziehen Sie das Kind mit in Ihre häuslichen Tätigkeiten ein!

Neben den eigenen *Erkundungszügen* in und um das Haus, will das Kind auch bei den Tätigkeiten der Erwachsenen mitmachen, am liebsten zur gleichen Zeit, am selben Ort und mit den gleichen Sachen. Dadurch geht es zwar mit der Arbeit nicht richtig voran, denn alleine erledigt man die häusliche Arbeit viel schneller, dennoch lohnt es sich, das Kind so viel wie möglich in den Haushalt *mit einzubeziehen.* Mit Begeisterung hilft es, Wäsche aufzuhängen, zu fegen, Fenster zu putzen, Schuhe zu putzen, zu kochen, zu backen, im Garten zu arbeiten, usw.

Das Erwachen der Fantasiekräfte

Um das *dritte Jahr* herum ändert sich das Kinderspiel, auch wenn es auf den ersten Blick vielleicht noch nicht so deutlich wahrzunehmen ist. Wer aber genau hinsieht, wird z.B. beobachten, dass das Kind in seiner Spielecke zwar auch wie früher ein Tüchlein nimmt und damit einen kleinen Schrank abstaubt, sich jetzt aber vorstellt, *Vater oder Mutter* zu sein. Das Tüchlein ist nun das Staubtuch, das Spielhäuschen das große Haus, und dazu plappert es in einem fort. Manchmal tauchen dabei Worte auf, die die Mutter selbst vorher beim Staubwischen gesagt hat. Auch vor dem *dritten Jahr* hat das Kind voller Eifer und tiefem Ernst unsere Handlungen nachgeahmt, aber das geschah noch ganz unbewusst. Das geschieht nun auf Grund der *Fantasiekräfte*. Erst wenn diese erwacht sind, benötigt das Kind Gegenstände (z.B. Schürze, Köfferchen oder Tücher), die ihm jetzt helfen, jemand anderen darzustellen. Erst jetzt ist es reif für Spielsachen, die die Welt des Erwachsenen im Kleinen nachbilden, z.B. kleine Kochtöpfe für den Puppenherd, ein kleiner Schneebesen, ein kleines Bügeleisen, eine Eisenbahn usw.

Spielzeug

Zwischen dem *ersten und dritten Lebensjahr* spielen Kinder am liebsten mit allem, was sie im Haus vorfinden, und geben durchaus nicht immer den «reinen» Spielsachen den Vorzug. Außerdem wenden sie das Spielzeug oft auf eine ganz andere Weise an, als wir es uns vorgestellt haben.

Je weniger das Spielzeug in den ersten Lebensjahren «fertig» ist, desto stärker kann das Kind nach seiner Fantasie «bauen». Je nachdem, womit es gerade beschäftigt ist, stellt ein Holzklötzchen ein Auto dar, den Baustein eines Turmes oder ein Tischchen für den Zwerg. Spielend wird die Fantasie immer ausgeprägter, bis das Kind

Empfohlene Spielsachen

Spielsachen, also auch die *Gebrauchsgegenstände*, mit denen das Kind spielt, müssen *haltbar* sein; sie dürfen *keine Splitter* haben, nicht mit *giftiger Farbe* behandelt sein und keine kleinen oder *zerbrechlichen* Teile haben.

Wir empfehlen im Allgemeinen *Holzspielzeug*, weil es dem *Erkundigungsdrang* des Kindes standhält. Das Kind kann sein Herz daran hängen, weil es nicht schon nach kurzer Zeit kaputt sind und weggeworfen werden muss. Kommt es vor, dass Holzspielzeug einmal repariert werden muss, so findet das Kind das ganz interessant, es sieht gerne zu und hilft mit.

Spielsachen aus *Kunststoff* dagegen sind zu leicht, oft viel leichter als ihre Form suggeriert, z.B. ein robust aussehender Lastkraftwagen. Darüber hinaus haben sie häufig grelle Farben, die den Blick des Kindes wie gefangen halten. Schließlich stellt Kunststoff eine Belastung für die Umwelt dar und manchmal enthält der Farbstoff das schädliche Cadmium, das bei der Müllverbrennung freigesetzt wird.

gegen Ende des dritten Lebensjahrs richtig ins Fantasiespiel eintaucht. So ist es Mutter, Vater, Schaffner oder Arzt, und bei dieser Art Rollenspiel sind Puppen, Kochutensilien, eine Schaffnermütze oder ein Arztkoffer sehr willkommen.

Kommt ein Kind nur schwer ins Spielen, so ist es ratsam, einmal die *Menge* sowie die *Art* der Spielsachen zu überprüfen. Zu viel Spielzeug wirkt nämlich lähmend auf das Kind. Man schafft Abhilfe, wenn man einen Teil der Spielsachen wegsteckt und dem Kind Gelegenheit und Raum gibt, mit den Gegenständen, die sowieso im Haus vorhanden sind, zu spielen.

Perfekte Spielsachen sind langweilig

Bekommt ein Kind nur Spielzeug, an dem nichts anderes zu erleben ist als das, was es darstellt, so kann man häufig beobachten, dass es mit diesen perfekt ausgestalteten Spielsachen bald ausgespielt hat. Ein solches Kind ist andauernd auf der Suche nach *neuen Reizen*. Unruhe und Unzufriedenheit sind die Folge. Auch in

diesem Fall sollte man die Spielsachen einmal genauer unter die Lupe nehmen und einiges wegräumen. Bleibt das Spiel trotzdem weiterhin ein Problem, so sollte man sich beraten lassen.

Die Holzeisenbahn kann mit vielen Dingen beladen werden.

Schließlich gehören Spielen und Aufräumen zusammen. Am Ende des Tages oder eventuell auch vor der Mittagspause kann es zur *guten Gewohnheit* werden, zusammen mit dem Kind die Sachen wieder zurückzuräumen, jeden Gegenstand an seinen eigenen Platz: «Die Bauklötzchen werden nun von ihrer Arbeit ausruhen genau wie du.» Eine Spielzeugkiste, in der alles durcheinander liegt, lädt am nächsten Tag nicht zum schönen Spiel ein. Besser ist ein *kleines Regal* mit verschiedenen Körben oder Kästen für Steine, Bauklötze und andere Spielsachen. Etwas größere Kinder errichten manchmal richtige Bauwerke oder legen ein riesiges Eisenbahngelände an, mit denen sie sich tagelang beschäftigen. Selbstverständlich freuen sich die Kinder, wenn die Bauwerke stehen bleiben dürfen.

Kind und Puppe

Die Puppe – unzertrennlicher Gefährte des Kindes

Eine Puppe kann für das Kind zum treuen Kameraden werden, der es niemals im Stich läßt und *jederzeit zur Verfügung* steht. Kind und Puppe bilden eine Art Einheit, vor allem, wenn die Puppe den Geruch des Kindes angenommen hat. Die Puppe wird zum unzertrennlichen Gefährten des Kindes, mit dem es sich unterhält, Spaß hat und seinen Kummer teilt. Auch macht das Kind manchmal die Puppe zum *Sündenbock* für etwas, was es selbst getan hat. Auf diese Weise gewinnt es Abstand von sich selbst und befreit sich von Gefühlen, mit denen es noch nicht umzugehen weiß. Ein anderes Mal wird mit der Puppe aufs Zärtlichste *geschmust*. Insbesondere in schwierigen oder aufregenden Zeiten, wenn das Vertrauen des Kindes auf eine harte Probe gestellt wird, z.B. wenn es einem Babysitter überlassen wird, während eines Krankenhausaufenthaltes oder einer Ehescheidung, ist ihm die Puppe ein großer *Trost* und vermittelt ihm ein Gefühl von Sicherheit. So begleitet die Puppe das Kind durch die Kinderzeit. Lassen Sie dem Kind die Freiheit, selbst zu bestimmen, wann es von seiner Puppe Abschied nimmt, auch wenn es in Ihren Augen schon längst Zeit dafür wäre.

Es kann auch ein Tier oder ein Tuch sein

Manches Kind hängt sein Herz nicht an eine Puppe, sondern an ein Sabbertüchlein, einen Ärmel seines Schlafanzuges, an dem es nuckelt, an einen gestrickten Zwerg oder einen Bären, Hasen oder ein Lämmchen. Meistens wählt sich das Kind nur einen einzigen treuen Spielkameraden aus; das Angebot braucht also nicht groß zu sein. Geben die Eltern aber ihrem Kind eine Puppe, so wird es einen «menschlichen» Kameraden haben; das ist doch noch etwas anderes, als ein Tier zum Freund zu haben.

Selbstverständlich haben sowohl Buben als auch Mädchen ein Bedürfnis nach einem treuen Puppenkameraden. Erst in einer späteren Altersphase tritt ein Unterschied zwischen Mädchen und Jungen auf, was die Pflege ihres «Kindes» betrifft.

Die Herzenspuppe kann eine einfache Stoffpuppe sein, die nur aus einem *Tuch und Wolle* besteht. Der anschmiegsame Stoff, der mit Wolle ausgestopft ist, lädt zum Schmusen ein. Allmählich

Einfache Puppe aus einem Tuch

Eine ganze Puppenfamilie

nimmt die Puppe einen ganz eigenen Geruch an. Oft ist das Gesicht der Lappenpuppe nur vage angedeutet, sodass das Kind mit seiner Phantasie der Puppe einen Gesichtsausdruck verleihen kann, je nach Stimmung oder Spiel.

In Fachbüchern wird schrittweise beschrieben, wie man selbst eine Puppe herstellt, von der einfachen Babypuppe bis zur Puppe mit Haaren und Gliedern. Auch werden vielerorts Kurse angeboten. Schließlich werden auch in Spezialläden Stoffpuppen verkauft (siehe Literaturverzeichnis S. 155).

Lustige Spielkameraden sind Puppen oder Zwerge, mit denen man «Kuckuck» machen kann. In diesem Spiel erkennt das Kind den Wechsel von *«da-sein»* und *«nicht da-sein»*, wodurch es immer wieder in Staunen versetzt wird. Auch kann ein solches Püppchen im Laufe des Tages das Gleiche erleben wie das Kind. Beim *Aufstehen* z.B. schläft das Zwerglein noch in seinem Häuschen, beim

Ein Zwerg begleitet das Kind im Tageslauf

Frühstück wird es sanft geweckt. Aber nein, es hört nicht! Dann ruft das Kind ein wenig lauter, und siehe da, ganz vorsichtig kommt der Zwerg zum Vorschein und ist nun ganz munter. *Tagsüber* wird das Zwerglein zu kleinen Wehwehchen und besonderen Vorfällen dazugeholt. Häufig erzählt das Kind dann von sich heraus dem Zwerglein das eine oder andere. Geht der Tag zu Ende, so legt sich der Zwerg zum *Schlafen* in sein Häuschen – und das Kind auch. «Ssst… der Zwerg schläft.»

Malen und Kneten

Das Kind möchte selbstständig tätig sein

Die meisten Kinder malen oder kneten gerne. Ebenso wie im Spiel geht das Kind hingebungsvoll in diesen Tätigkeiten auf. Auch hierbei steht die *Schaffensfreude* und nicht so sehr das *Ergebnis* im Vordergrund. Folglich braucht man den Kindern keine Techniken beizubringen, sie machen sich ganz von alleine an die Arbeit. Der Erwachsene sollte nur das *richtige Material* bereitstellen, die nötigen *Vorkehrungen* treffen und in der Nähe bleiben. Wer ständig Anweisungen gibt oder Fragen stellt zu dem, was da entsteht, *hemmt* das Kind nur und *verunsichert* es womöglich. Das Kind möchte am liebsten alles selbst entdecken!

Wenn das Kind anfängt, Ich zu sich selbst zu sagen, erscheinen auf dem Papier Sonnen, Kreise und andere geschlossene Formen. Es erfordert höchste Konzentration, einen solchen Kreis zu schließen. Manchmal drückt das Kind das wachsende Ich-Gefühl in seinem Innern dadurch aus, dass es mitten in die geschlossene Form hinein einen Punkt setzt.

Die erste menschliche Figur erscheint auf dem Papier

Es gelingt dem Kind immer besser, seine Bewegungen auf dem Papier zu steuern. Und so erscheint um das *vierte Lebensjahr* herum auf dem Papier zusätzlich zur Kreisform der «Kopffüßler», die erste menschliche Figur! Die *Erlebniswelt* des Kindes wird größer, und es ist nun stark auf die *Außenwelt* gerichtet. Das drückt sich in den «Fühlern» aus, die an Händen und Füßen dieser menschlichen Gestalt gemalt werden. Viele Sonnen füllen das Blatt Papier, und

Malen mit Wachskreiden

Die ersten Malversuche eines *Einjährigen* sind vor allem eine Übung im Festhalten der Wachskreide. Dem Kind ist dabei völlig gleichgültig, was da als Ergebnis herauskommt; der ganze Spaß liegt in der Bewegung, und es ist überrascht, dass überhaupt etwas auf dem Papier erscheint.
Nach und nach wird das Kind während des Malens Geschichten erzählen, die auf dem Papier ihren Niederschlag finden. Wir Erwachsenen erkennen davon wenig, sehen wir doch nur runde und gerade Kritzeleien. Bisweilen entsteht ein ganzes Knäuel von Linien. Meistens bewegt sich der Oberkörper des Kindes beim Malen mit, es geht ganz in seinen Bewegungen auf und kann kaum aufhören. Während des Malens dreht es das Blatt Papier in alle Richtungen, es gibt noch kein Oben und Unten, Rechts und Links.

die Sonnenstrahlen leuchten nach allen Richtungen; Oben und Unten, Links und Rechts entstehen.

Die gemalten Gegenstände werden erkennbar

Auch Häuser kommen vielfach auf den Kinderbildern vor, zunächst oft nur als ein Bogen oder ein Kreis. Gegen Ende des *vierten Lebensjahrs* erscheint dann ein Rechteck. Später, etwa mit fünf Jahren, wird ein Dreieck als Dach auf das Haus gemalt. Das Kind malt nun immer mehr erkennbare Gegenstände aus seiner Umgebung. Mit sieben Jahren erscheint dann die deutlich in Kopf, Rumpf, Arme, Hände, Beine und Füße gegliederte menschliche Figur.

Bilder mit gegenständlichen Motiven sind nicht wertvoller als die ersten Kritzeleien, die das Kind zu Papier bringt. In seinen Bildern zeigt uns das Kind, was in ihm vorgeht, und somit ist jedes Bild eine Art offenes Buch.

Vor dem *dritten Lebensjahr* sind die Bilder vorwiegend Abbild dessen, was sich an körperlichen Entwicklungen und Krankheiten im Kind abspielt. Später wird auch das, was das Kind erlebt, seine Spur *in den Bildern* hinterlassen. Immer wieder werden dann neue

Geschichten zum gleichen Bild erzählt. Was zunächst ein Wald war, kann ein wenig später der Zaun um Omas Garten oder Papas Schreibtisch sein.

Mit Wasserfarben malen

Die Qualität der Farbe wird intensiv erlebt

Kinder lieben Farben; beim Wasserfarbenmalen gehen sie völlig in den Farben auf, stärker noch als beim Malen mit Wachsmalfarben, bei dem auch Linien und Formen wichtig sind. Malen sie mit Blau, so sind sie auch innerlich ganz von der Farbe Blau *durchdrungen*. Innen- und Außenwelt sind nur wenig voneinander getrennt, und durch den äußeren Eindruck hindurch erleben die Kinder die *Qualität* der Farbe bis in ihren Körper hinein.

Wird das Kind älter, so ändert sich das *Farberleben*, und es tritt ein wachsendes Gefühl für Formen hinzu. Das ist ein Ausdruck dafür, dass das Kind die Gegenstände der Welt immer besser *begreift*.

Das *zwei- bis dreijährige* Kind kann schon einigermaßen geschickt mit Wasser, Farbe und Pinsel umgehen. Stellen Sie jedoch dem Kind in diesem Alter nicht zu viele verschiedene Farben zur Verfügung. Häufig reichen eine oder zwei Farben. Malt das Kind mit mehreren Farben zugleich, vermischt sich alles leicht zu einer bräunlichen Brühe.

Ein oder zwei Farben genügen

Kneten

Kinder wollen alles *anfassen*, nicht nur mit den Fingerspitzen, sondern mit der ganzen Hand. Sie prüfen, ob sich etwas eindrücken lässt oder ob die Farbe sich löst, wollen allem ihren Stempel aufdrücken, es gleichsam neu schaffen. Hier zeigt sich die *kreative Seite* des Kindes. Sie ist uns oft lästig, und manchmal fällt uns nichts anderes ein, als dem Kind zuzurufen: «Lass die Finger davon!» Beim Kneten mit Bienenwachs, beim Teigkneten oder beim Spiel im Sandkasten darf das Kind dagegen alles nach Herzenslust anfassen, betasten und allem Form geben. Diese Art zu spielen bringt das Kind zur Ruhe.

Die kreative Seite des Kindes wird sichtbar

Materialien

Zum Wasserfarbenmalen sollten Sie eine dickere Papiersorte wählen, sodass das Kind nicht so leicht mit dem Pinsel das Papier aufreibt und womöglich ein Loch entsteht. Beim Malen mit Wachsfarben wird dickes Papier nicht so schnell zerknittert.

Dicke Papiersorten

Sowohl beim Malen als auch beim Kneten raten wir zu Materialien aus Bienenwachs und Pflanzenfarbe.

Wachsmalblöcke eignen sich vortrefflich; es können damit schöne große Farbflächen gemalt, aber auch Linien gezeichnet werden. Buntstifte fördern eher das Detail. Das kann dem Kind die *Freude am Malen* nehmen, weil ihm die feinere Ausgestaltung noch nicht gelingt.

Wachsmalblöcke und Aquarellfarben – besser als Buntstifte

Aquarellfarben eignen sich sehr gut zum Nass-in-Nass-Malen: Auf einem angefeuchteten Papier malt das Kind mit Pinsel und verdünnter Farbe große Farbflächen ohne scharfe Ränder.

Bienenwachstafeln nehmen beim Kneten die Körperwärme an

Zum Kneten sind farbige Bienenwachstafeln zu bevorzugen. Ton ist weniger geeignet, weil dieser beim Kneten die Körperwärme nicht annimmt und die Figuren beim Trocknen leicht zerbröckeln – im Gegensatz zum Knetbienenwachs, das zwar zunächst hart ist, sich aber nach einer Weile zwischen den Händen erwärmt, sodass man es gut formen kann. Wenn die Arbeit fertig ist, wird das Bienenwachs wieder hart, behält also seine Form. Außerdem kann es immer wieder aufs Neue verwendet werden.

Auch das Kneten und Gestalten von Brotteig ist eine beliebte Beschäftigung; vor allem, weil man nach dem Backen etwas Leckeres zum Aufessen hat.

Reime und Liedchen

Eingehen auf das musikalische Hören und das erwachende vorstellende Denken

Jedes Kind hat ein Gefühl für Musik oder für das Musikalische in den Lauten, die es hört. Das sieht man daran, wie das Baby unserer Stimme lauscht und selbst Laute bildet: Es «schmeckt» richtiggehend die Laute. Ein Baby hat auch ein äußerst *empfindliches* Gehör. Es hört Geräusche viel besser und dadurch auch viel früher als der Erwachsene und nimmt sie ganz unbefangen in sich auf. Singt man *Liedchen* oder sagt man *Sprüchlein* auf, so geht man auf das musikalische Hören des Kindes ein; beim *Vorlesen* dagegen knüpft man mehr an das erwachende vorstellende Denken an.

Kinder fühlen sich auch durch den Rhythmus der Lieder und Reime angesprochen. Wie schön ist es, auf diesem Rhythmus gewiegt zu werden oder sich selbst darauf zu bewegen! Die meisten Verse eignen sich auch gut dazu. Bei «Häschen in der Grube» oder «Da hast 'nen Taler» z.B. bewegen sich Kinder häufig schon mit, bevor sie sprechen können.

Gegen Ende des *dritten Lebensjahrs* erreicht die Empfänglichkeit für Rhythmus einen Höhepunkt. Das Kind möchte, dass der Erwachsene «Sonne, Sonne scheine» macht, oder es klettert auf seinen Schoß und bettelt um «Hoppe, hoppe Reiter», denn alle Kinder werden gerne geschaukelt. Sie haben in diesem Alter ein großes Bedürfnis nach allem, was von Rhythmus und Gewohnheit getragen wird.

Reime und Liedchen können auch bei den täglichen Handlungen eine Hilfe sein. Während z.B. die Aufforderung, sich die Schuhe auf der Türmatte abzustreifen, oft *Widerstand* hervorruft und ein Vortrag über Vor- und Nachteile von sauberen Schuhen rein gar nichts bringt, sind Kinder stets empfänglich für ein lustiges Sprüchlein. Es gibt einen großen Schatz an alten, aber auch neuen Reimen, die zu allem passen, was so ein kleines Kind täglich mitmacht: Reime beim Essen oder Zubettgehen, bei kleinen und großen Wehwehchen, wenn es regnet oder auch einfach nur so aus Spaß dahingesagt (siehe Literaturverzeichnis S. 155). Wer solche Reime jederzeit parat hat, wird jedes Kinderherz erfreuen und ein widerspenstiges Kind viel leichter beruhigen können.

Lustige Sprüche für die täglich erforderlichen Handlungen

Heile, heile Segen
drei Tage Regen
drei Tage Sonnenschein
wird schon wieder besser sein …

So reiten die Damen (2x)
So reiten die Herren (2x)
So reitet der Bauersmann,
der nicht besser reiten kann.

Hopp, hopp, hopp
Pferdchen läuft Galopp
über Stock und über Steine
brich dir aber nicht die Beine
Hopp, hopp, hopp
Pferdchen läuft Galopp.

> ***Mut zum Singen!***
>
> Eltern, die zum ersten Mal mit ihrem Kind auf dem Arm oder auf dem Schoß ein Liedchen singen, *genieren* sich häufig, meinen sie doch, sie könnten nicht singen. Zum Glück urteilen Kinder nicht so kritisch über die musikalischen Fähigkeiten ihrer Eltern. Nur Mut! Kinder lieben es, wenn gesungen wird; besonders *beim Schlafengehen* wirkt dies beruhigend.
> Bei *Kinderreimen* geht es gar nicht darum, dass das Kind die Worte begreift. Es hört die Melodie und den Wechsel des Tonfalls: mal freundlich, mal gebieterisch – und das genießt es. Das Kind liebt es, immer wieder den gleichen Spruch zu hören. Schon bei den ersten bekannten Worten strahlt sein Gesichtchen vor Freude.

Hintergrundmusik schafft Probleme: das Zuhören wird verlernt

Besonders freut sich Ihr Kind, wenn Sie selbst ihm gelegentlich auf einem Instrument vorspielen können, z.B. vor dem Schlafengehen oder zu einer Geschichte. Es gibt einige Instrumente wie Blockflöte, Kinderharfe oder Glockenspiel, auf denen Sie auch ohne viel Übung einfache Melodien spielen können. Manchmal sind diese Instrumente in der sogenannten Quintenstimmung gestimmt. Das Spiel auf einem solchen Instrument hört sich eigentlich immer schön an; erfahrungsgemäß hören Kinder dabei gerne und aufmerksam zu.

Musik von einer Kassette oder CD hat dagegen eine ganz andere Wirkung. Zwar kann auch diese Musik dem musikalischen Bedürfnis des Kindes entgegenkommen, aber häufig hört das Kind gar nicht richtig zu; die Musik wird zur *Hintergrundmusik* degradiert und der Geräuschpegel, dem das Kind ohnehin schon zur Genüge ausgesetzt ist, nur erhöht. Immer öfter werden Besorgnisse laut, dass Kinder, die ständig mit Hintergrundmusik leben, nicht richtig *zuhören* lernen und ihre Empfindlichkeit für die feinen Nuancen der Laute abnimmt. Auch die zunehmende *Schwerhörigkeit* von Kindern kann zum Teil auf diese Problematik zurückgeführt werden.

Die Erzählstündchen

Eines der gemütlichsten Dinge, die Sie mit Ihrem Kind tun können, ist, ihm eine Geschichte vorzulesen oder zu erzählen. Finden Sie die nötige Ruhe dazu, so werden Sie beide die dabei entstehende *Gemeinsamkeit* genießen. Und sie können vielleicht die Verbindung zu einem Kind, das Ihnen Schwierigkeiten bereitet, oder auch zu einem Kind, das im Familienleben ein wenig unterzugehen droht, besonders verstärken.
Was Sie erzählen oder vorlesen, sollte dem Alter des Kindes entsprechen. In der *Babyzeit* oder der ersten *Kleinkindzeit* ist es für Geschichten und Bilderbücher noch zu früh; das ganz kleine Kind hört lieber Liedchen oder rhythmische Verse.

Erzählen und Vorlesen

Kleine Geschichten stillen das Bedürfnis nach Wiederholung

Fängt das Kind an, richtig zu spielen und die Gegenstände in seiner Umgebung zu *benennen*, so können Sie neben dem Musikalisch-Rhythmischen der Lieder und Reime jetzt auch die Sprache selbst pflegen, indem Sie ihm *kleine Geschichten* erzählen oder zusammen mit ihm ein Bilderbuch anschauen. Kinder mögen es, immer wieder die gleichen Bilder zu betrachten oder dieselbe Geschichte zu hören. Dieses Bedürfnis nach Wiederholung bleibt eigentlich während der ganzen Kleinkindzeit bestehen.

Am meisten wird das Kind die Geschichte genießen, die Sie sich *selbst ausgedacht* haben. Schön ist es, wenn die handelnden Figuren in der Geschichte dem Kind mit der Zeit vertraut werden und immer wieder Neues erleben. Die nötige Inspiration dazu wird Ihnen schon kommen, wenn Sie aufmerksam verfolgen, was das Kind im Laufe des Tages alles erlebt. Die Geschichten brauchen nicht einmal viel Abwechslung aufzuweisen. In ein Grundmuster mit gleichbleibenden Figuren, vertrauten Redewendungen und Intonationen bauen Sie Variationen und Überraschungen ein, die die

Erzählung spannend machen. Jedes Mal aufs Neue fühlt das Kind, wie die Spannung wächst, vielleicht wird die Geschichte sogar ein wenig unheimlich, aber schließlich läuft alles gut ab, und das Kind seufzt erleichtert auf, auch nach dem hundertsten Mal.

Für das ganz kleine Kind: Erzählen anhand eines Bilderbuches ohne Text

Beim Vorlesen dagegen verwenden Sie natürlich ein Buch. Für das ganz kleine Kind ist ein Bilderbuch ohne Text, bei dem Sie selbst frei erzählen, am besten geeignet. Die Bilder stellen Menschen, Tiere, Gegenstände und Begebenheiten dar. Zum ersten Mal in seinem Leben sieht das Kind ein Bild und hört gleichzeitig eine kurze Schilderung dazu. Dadurch, dass Sie jedesmal dasselbe Wort oder dieselbe Geschichte bei einer Abbildung *wiederholen*, lernt das Kind, dass zu jedem Bild ein bestimmtes Wort oder Sprüchlein gehört – ein wichtiger Schritt in der kindlichen Entwicklung.

Nun kann dem Faden einer Geschichte gefolgt werden

Später kommt dann das Bilderbuch mit vielen Bildern und ein wenig Text an die Reihe. Mit *etwa vier Jahren* ist das Kind schließlich so weit, dass es dem Faden einer Geschichte, die ihm vorgelesen wird, folgen kann. Auch die Illustrationen sollten dem Alter und der fantasievollen Innenwelt des Kindes entsprechen.

Reich nuancierte Sprache fördert die Entwicklung des Denkens

Indem es Erzähltem *zuhört*, kommt das Kind mit der Sprache in Berührung. Die Bedeutung der Sprachentwicklung für die Entwicklung des Denkens wurde schon hervorgehoben. Je älter das Kind wird, desto reicher und nuancierter können Sie mit ihm sprechen. Lassen Sie das Kind gelegentlich Worte «schmecken», die im gewöhnlichen Sprachgebrauch nicht so häufig vorkommen. So helfen Sie dem Kind, die verschiedenen Abstufungen der Sprache *kennenzulernen* und zu *unterscheiden*.

Einer Geschichte auf einer Kassette zuzuhören, hat nicht die gleiche Qualität wie eine Geschichte vorgelesen zu bekommen. Das Kind sieht den Erzähler nicht, geschweige denn, dass es sich bei ihm auf den Schoß kuscheln kann; die Mimik des Erzählers ist nicht sichtbar, und jedesmal wenn sich das Kind die Kassette anhört, ist die Intonation der Stimme gleich.

Praktisches Tun für lebhafte Kinder

Bei vielen Kindern kann man mit Vorlesen Gutes bewirken. Kinder, die z.B. sehr lebhaft sind, lernen während des Vorlesens, ruhig hinzuhören. Bei Kindern aber, die immer alles verstehen wollen,

Das Erleben der Jahreszeiten

Auch der *Jahreskreislauf* kann zu einem lebendigen Teil der kindlichen Erlebniswelt werden. Zuallererst werden die Jahreszeiten dadurch direkt erlebbar, dass das Kind z.B. im *Sommer* barfuß im Gras geht, draußen mit Wasser spielt und es noch hell ist, wenn es schlafen geht. Im *Herbst* stürmt und regnet es; es muss eine warme Jacke und eine Mütze anziehen und sucht Kastanien und Eicheln. Im *Winter* ist die Welt auf einmal unter einer weißen Schneedecke versteckt, die Vögel picken das ausgestreute Futter und abends wird es früh dunkel. Der *Frühling* ist die Zeit des Erwachens in der Natur; überall kommen Blätter und Blumen zum Vorschein, und die Kinder dürfen wieder im Sandkasten spielen.

ständig reden möchten und bei allem nach dem «Warum» fragen, wird durch häufiges Vorlesen womöglich diese Tendenz noch verstärkt. Stattdessen sollte man mit einem solchen Kind etwas Praktisches unternehmen, z.B. basteln, zimmern, mit Bienenwachs kneten, im Garten arbeiten oder in den Wald gehen.

Kind und Jahreskreislauf

Immer wiederkehrende Gewohnheiten prägen Tagesablauf und Wochentage

Im Laufe der Kinderzeit macht sich das Kind immer mehr mit seiner Umwelt und dem, was darin geschieht, vertraut. Dazu gehört auch der *Jahreskreislauf*. Zunächst werden die täglich wiederkehrenden Gewohnheiten in der Familie erkannt. Wie bereits gesagt, bedeutet ein rhythmischer Tagesablauf eine große Stütze für das Kind. Als Nächstes wird es die *Wochentage* unterscheiden lernen, zumindest wenn diese mit besonderen Geschehnissen einhergehen, z.B.: Am Sonntag gibt es ein besonderes Frühstück, am Mittwoch geht das Kind mit auf den Wochenmarkt, am Donnerstag darf es helfen, den Mülleimer hinauszutragen usw.

Im Haus entsteht der *Jahreszeitentisch*, auf dem die Schätze, die

draußen gefunden werden, aufgebaut werden. Eltern und Kinder sorgen gemeinsam dafür, dass dieser Tisch schön aussieht.

Auch über die *Ernährung* kann das Kind den Jahreslauf miterleben. Indem die Mutter diejenigen Gemüse und Früchte zubereitet, die naturgemäß zu der jeweiligen Zeit des Jahres gehören, verbindet sich das Kind bis in seinen Leib hinein mit den verschiedenen Jahreszeiten.

Jahresfeste machen mit dem Jahreszyklus vertraut

Schließlich können die *Jahresfeste* das Kind auf eine ganz intensive Weise mit dem *Jahreszyklus* vertraut machen. Für viele Erwachsene gehören z.B. die Weihnachtsfeste, die sie als Kind erlebt haben, zu ihren schönsten Erinnerungen.

Wie Sie die Feste mit Kindern feiern, wird natürlich dadurch mitbestimmt, was Sie selbst für ein Verhältnis dazu haben. Jedes Jahresfest hat seine Wurzeln in zwei verschiedenen Reichen: in *Natur und Religion*. So feiert man an *Weihnachten* die Geburt des Christkindes, aber auch die Wiederkehr des Lichtes nach all den Monaten, in denen die Tage immer kürzer wurden. Auch *Ostern* im Frühling, *Johanni* im Sommer, *Michaeli* und das *Martinsfest* im Herbst und schließlich *Nikolaus, Weihnachten* und *Dreikönig* als Winterfeste besitzen diese doppelte Qualität. Die naturgebundene Seite spricht die Kinder immer an. Das Kind entwickelt durch das Feiern der Feste Ehrfurcht vor der Natur und ihrem Reichtum. Religiöse Inhalte werden Sie in dem Maße vermitteln können, wie Sie selbst eine Verbindung zur Religion haben.

Ehrfurcht vor der Natur und ihrem Reichtum

Im Literaturverzeichnis finden Sie Bücher, die Sie zum Feiern bekannter und weniger bekannter Feste inspirieren können. Das Michaelifest z.B., für das alle Reichtümer des Sommers gesammelt werden, oder das Martinsfest, an dem das Kind mit seiner Laterne Licht in die dunkle Nacht bringt, können dem Kind wieder als Leitbilder im Jahreslauf dienen, auf die es sich jedesmal freut.

Fernsehen – wohl bedacht

Ob und wie lange die Kinder fernsehen, ist davon abhängig, welchen Raum dieses Medium im Leben der Eltern einnimmt und wie alt die Kinder sind. In einer Familie mit Jugendlichen wird wahrscheinlich mehr ferngesehen als in einer Familie mit kleinen Kindern. Was das Kleinkind betrifft, sollte man sich gründlich mit der Frage auseinandersetzen, wie *kinderfreundlich* das Fernsehen trotz besonderer Programme für Kinder ist. Kinderfreundlich ist eigentlich nur, was dem *Wirklichkeitserleben* des Kindes entspricht. Das kleine Kind ist für seine Umwelt noch völlig offen und macht alles, was es sieht und erlebt, nach. Aus den angebotenen Sinneseindrücken trifft es keinerlei Auswahl, denn es hat noch keinen kritischen Sinn entwickelt; dies tritt erst mit der Schulreife ein. Alle Eindrücke, also auch die *unverdaulichen*, strömen ungehindert in die kindliche Seele und können bis ins Körperliche hinein krank machend wirken.

Fernsehen

Das kleine Kind lebt in Bildern: das Christkind bringt die Bescherung, Zwerge und Drachen existieren wirklich. Das nüchterne Bewusstsein des Erwachsenen kann mit diesen Bildern nichts anfangen. «Es gibt keine Drachen», sagt man zu dem Kind, das Angst vor dem Dunkeln hat. Aber durch eine solche Reaktion nimmt man dem Kind seine Angst nicht; das *kindliche Wirklichkeitserleben* ist nicht so leicht zu beeinflussen.

Die nüchterne Welt der Erwachsenen ist für das Kind eine fremde Welt

Umgekehrt ist die nüchterne Welt des Erwachsenen, die von *Technik, Informatik und Effizienz* beherrscht wird, für das kleine Kind eine fremde Welt, die es nur schwer in seine eigene Erfahrungswelt integrieren kann. Wer eine kinderfreundliche Umgebung schaffen will, wird Fernseher, Radio und Computer, auch

Wie wirkt das Fernsehen auf das Kind?

Es ist eine Tatsache, dass das Fernsehen bis in die *körperlichen Prozesse* des Kindes hinein wirkt. *Stoffwechsel, Kreislauf und Nervensystem* werden in Mitleidenschaft gezogen. Für ein Kind bedeutet leben schlechthin sich bewegen. Indem es sich bewegt, schult es die Sinne und lernt seinen Körper und somit sich selbst kennen. Wie bereits ausgeführt, ist es für das Kind *lebenswichtig*, dass es genügend authentische Erfahrungen sammelt und mit seinem ganzen Körper tätig daran beteiligt ist. Beim Fernsehen aber sitzt es unbeteiligt da. Die Muskelspannung ist herabgesetzt, die Augen sind auf einen Punkt fixiert. Bringen Kinder regelmäßig längere Zeit in diesem unnatürlichen Zustand zu, so wirkt sich das störend auf den wichtigsten Lernprozess im Kindesalter aus, nämlich den eigenen Körper in Freiheit zu ergreifen. Manche Eltern benutzen den Fernsehapparat wie eine Art Babysitter. Durch diesen Missbrauch wird dem Kind der allergrößte Schaden zugefügt.

wenn es sich um Kinderprogramme handelt, von kleinen Kindern fernhalten.

Erzählen wir dem Kind eine Geschichte, so schafft es eigene *Fantasiebilder* dazu und ist somit schöpferisch tätig. Jeder von uns weiß, wie schockierend es ist, wenn bei der Verfilmung eines Buches, das man gelesen hat, die *Filmbilder* nicht mit den eigenen *Fantasiebildern* übereinstimmen. Auch das Umgekehrte gilt: Sieht man zuerst den Film und liest danach das Buch, so ist es sehr schwierig, sich den aufdringlichen Filmbildern zu entziehen und die eigene Fantasie arbeiten zu lassen. Ähnliches gilt für alle Geräte, die fertige Bilder und Geräusche bei einer Erzählung liefern: Der kreative Umgang mit dem Dargebotenen wird im Keim erstickt.

Ein anderer Aspekt des Mediums Fernsehen ist, dass es *Scheinbilder* produziert. Der Zuschauer hört nicht *wirkliche* Stimmen oder Musikinstrumente, sondern nur eine *physikalische Wiedergabe*. Er sieht den Nachrichtensprecher nicht wirklich, sondern nur dessen aus Pünktchen aufgebaute Projizierung auf einem flachen Bildschirm. Der Zuschauer *nimmt* diese Pünktchen wiederum als den Nachrichtensprecher *wahr* und ist sich selten dessen bewusst, dass es sich nur um eine Scheinwirklichkeit handelt. Normalerweise sind bei dem, was das Kind erlebt, alle seine Sinne beteiligt. Das Kind hört und fühlt den Regen und den Wind, es riecht die feuchte Erde; friert es, so stampft es mit den Füßen, um wieder warm zu werden. Das Fernsehen dagegen bietet Informationen, die beim kleinen Kind nicht zur Lebenserfahrung werden, mit denen es also nichts anfangen kann. Ein Zuviel an diesen *verstümmelten Eindrücken* wird das Kind *verunsichern*.

Das Fernsehen zeigt nur eine Scheinwirklichkeit

Schließlich möchten wir darstellen, wie (häufiges) Fernsehen auch das soziale Leben beeinträchtigt. Das viel gepriesene «gemeinsame Fernseherlebnis» ist höchstens ein *Scheinzusammensein*. Der Fernseher fesselt jedermanns Aufmerksamkeit, vor allem Kinder werden von den Bildern völlig vereinnahmt. Es kann somit gar nicht von einer gemeinsamen Aktivität die Rede sein wie z.B. bei einem Gesellschaftsspiel. Erst wenn das Fernsehgerät ausgeschaltet wird, hat man wieder Auge und Ohr für die anderen im Raum. Aus diesem Grund bevorzugen es viele Eltern, keinen Fernseher im Haus zu haben.

Das «gemeinsame Fernseherlebnis» ist nur ein Scheinzusammensein

Hat man ein Fernsehgerät, so kann es eine gute Hausregel sein, den Apparat erst dann einzuschalten, wenn das jüngste Kind im Bett ist. Ältere Kinder lernen dadurch, auf das jüngere Brüderchen oder Schwesterchen Rücksicht zu nehmen. Auf diese Weise erfüllt der Fernseher dann doch noch eine *soziale Funktion*! Statt ins Wohnzimmer könnte man das Fernsehgerät in ein Schlafzimmer stellen; die älteren Familienmitglieder können somit fernsehen, ohne dass dies die anderen Aktivitäten im Wohnzimmer stört.

Eine soziale Funktion des Fernsehens

Sicherheit

Nicht auf den Schutzengel vertrauen

In jeder Familie treten Situationen auf, in denen ein *Unfall* mit einem Kind gerade noch vermieden werden konnte oder in denen zwar etwas passiert ist, aber es noch viel schlimmer hätte sein können. In diesen Fällen sagen wir vielleicht, dass der Engel des Kindes ihm zu Hilfe geeilt ist. Ob nun ein Mensch im Schutzengel eine Realität sieht oder nicht – immer wird er sich nach einem Vorfall, bei dem Schlimmeres verhindert wurde, erleichtert und dankbar fühlen. Natürlich darf man nicht blind auf den Schutz des Engels vertrauen; an erster Stelle haben wir selbst die Pflicht, Sicherheitsvorkehrungen für unsere Kinder zu treffen. Gerade in der Kleinkindphase stellt die *Sicherheit* ein *zentrales Thema* dar.

Einige Tipps zum Thema Sicherheit

- Kaufen Sie *sicherheitsgeprüfte* Artikel (z.B einen stabilen Fahrrad- bzw. Autokindersitz) und richten Sie es so ein, dass Kinder sich am Herd nicht verbrühen können.
- Bringen Sie den Kindern *gute Gewohnheiten* bei, was die Sicherheit betrifft, und seien Sie selbst ein *gutes Beispiel*. Sie sollten jederzeit wissen, wo Ihr Kind ist und was es macht, auch bei aufregenden Gelegenheiten wie Geburtstagen.
- Das Kind sollte sich daran gewöhnen, seinen Eltern zu gehorchen. Später wird es auch seiner eigenen inneren Stimme gehorchen müssen. Das *Fundament* dazu wird im Kleinkindalter gelegt. Gleichzeitig ist es aber auch wichtig, dass das Kind immer selbstständiger wird, sodass es seine *eigenen Möglichkeiten* immer besser einschätzen kann und die Gefahren in der Umgebung unterscheiden lernt. Innerhalb bestimmter Grenzen sollten Sie ihm die Freiheit gewähren, seine Umgebung zu erkunden und nach Herzenslust zu springen, zu klettern und zu radeln, auch wenn Ihnen manchmal ganz schön mulmig dabei zumute ist. *Überbesorgtheit* hemmt nur die Entdeckerfreude des Kindes.

Der richtige Kindersitz kann lebensrettend sein

Der *Charakter* des Kindes spielt bei der Sicherheit eine wichtige Rolle. Manche Kinder fangen erst mit etwas Neuem an, wenn sie wirklich dazu fähig sind. Häufig laufen diese Kinder etwas später, aber es gelingt ihnen dann auch schon beim ersten Versuch. Andere Kinder stürzen sich immer wieder kopfüber in ein Abenteuer und scheinen Gefahren nicht zu sehen. Solche Kinder lernen erst durch Fehlschläge, was Gefahr ist.

Hinfallen, Verbrennen, Ersticken, Ertrinken und Vergiftung, die häufigsten Unfälle bei kleinen Kindern, passieren größtenteils in und um das Haus herum. Bei den praktischen Ratschlägen für die einzelnen Lebensjahre (siehe das folgende Kapitel) ist jeweils ein Abschnitt auch der Sicherheit gewidmet.

Kinder, Tiere, Pflanzen –
da ist die Welt noch im Ganzen

Christian Morgenstern

Praktische Ratschläge für die einzelnen Altersabschnitte

Die ersten Lebensjahre könnte man vergleichen mit dem Beginn einer langen Forschungsreise. Zuerst ist der Reisende noch recht ungeschickt; er kann sich noch nicht alleine helfen und vertraut sich ganz der Führung der Menschen an, die das Land schon kennen. Bald aber kann er seine eigenen Füße gebrauchen; immer bewusster und geschickter geht er seinen Weg. Die Erwachsenen wachen darüber, dass das Gelände nicht zu schwer, aber auch nicht zu leicht ist. Und im Übrigen kann der junge Wanderer auch schon bald das eine oder andere selbstständig erledigen.

Das folgende Kapitel spricht von den Fortschritten und besonderen Maßnahmen auf den ersten Etappen der großen Reise.

Von ein- bis eineinhalb Jahre

Entwicklung

Das Kind zeigt zunehmende Geschicklichkeit

Im Alter von *ein- bis eineinhalb Jahren* lernt das Kind immer besser zu gehen, manchmal läuft es sogar rückwärts. Es kann sich nun auch hinhocken, ohne umzufallen, und falls es im Haus eine Treppe gibt, wird es versuchen, diese hinaufzuklettern. Abstände einzuschätzen fällt ihm noch schwer. Will es sich hinsetzen, so bewegt es sich rückwärts zielend zum Kinderstühlchen hin, bis es auf dem Sitz landet. Mit Vorliebe schiebt es Dinge herum oder zieht und schleppt sie hinter sich her, aber es kann auch sehr sorgfältig zwischen Daumen und Zeigefinger Krümel vom Boden aufheben. Auch zeigen sich die ersten Ansätze *erwachender Selbstständigkeit.* Das Kind greift den Becher selbst, um daraus zu trinken, und versucht mit Löffel oder Gabel zu essen. Es macht ihm Spaß, die häuslichen Arbeiten der Eltern nachzuahmen. Häufig plappert es dabei in seinem eigenen Jargon. Ganz wache Kinder sprechen schon einige mehr oder weniger deutliche Wörter, ohne dass eine bestimmte *Bedeutung* damit verbunden wird; das Kind «kostet» die Wörter genüßlich aus. Im Laufe dieses halben Jahres lernt es immer mehr neue Wörter kennen; es versteht aber schon viel mehr, als es selbst aussprechen kann.

Kind und Eltern

Ein neues Erfahrungsfeld

In diesem Alter erwacht im Kind zum ersten Mal die Erkenntnis, dass es selbst Ursache von etwas sein kann. Wirft es z.B. den Teller auf den Boden, so macht das Lärm und den Teller gibt es nicht mehr. Es ahnt zum ersten Mal, dass zwischen den Dingen *geheimnisvolle Beziehungen* bestehen, und unermüdlich untersucht es dieses neue Erfahrungsfeld. Dennoch passieren in seinem Umfeld die meisten Dinge, ohne direkt beabsichtigt zu sein. Es reagiert darauf spontan mit Freude, Wut, Frustration oder Kummer.

Das Kind erledigt gerne *kleine Aufgaben*, z.B. die Tür zumachen oder etwas in die Küche bringen, und strahlt dabei vor Freude und Stolz.

Die Anwesenheit vertrauter Personen ist wichtig

In dieser Phase ist es gut, wenn die Eltern viel mit ihm reden und es die Namen der Gegenstände um sich herum immer wieder hört. Das heißt aber nicht, dass ihm alles *erklärt* werden soll.

Die Anwesenheit der Eltern oder einer besonders vertrauten Person ist noch sehr wichtig. Manche Kinder weinen, wenn Vater oder Mutter aus dem Zimmer gehen oder wenn sie abends alleine im Bett liegen. Erst langsam wachsen die *Gewissheit* und das *Vertrauen*, dass Vater und Mutter auch noch da sind, wenn es sie nicht sieht. Längere Abwesenheit der beiden Eltern, z.B. während der Ferien, kann dieses Vertrauen ernsthaft auf die Probe stellen, und diese *Enttäuschung* kann durchaus über längere Zeit negativ weiterwirken.

Schlafen und Wachen

Wenn die Nacht zum Tage wird

Häufig beim Schlafen auftretende Probleme sind: Ängste, störende Träume, frühes Wachsein und aus dem Bett klettern. Wird das Kind nachts von *Ängsten und Träumen* geplagt, so reicht es oft aus, dass man an sein Bettchen geht und es kurz beruhigt. Wenn man das Kind aus dem Bett holt, ihm zu trinken gibt oder lang an seinem Bett verweilt, wird es erst recht hell wach und bekommt den Eindruck, dass wirklich etwas nicht in Ordnung ist. Andere Möglichkeiten sind: ihm eine Puppe oder ein Kuscheltier zu geben oder eventuell ein Nachtlämpchen brennen zu lassen oder die Tür anzulehnen. Für viele Eltern ist es ein Problem, dass ihr Kind *zu früh* am Morgen wach wird. Achten Sie darauf, dass es im Zimmer richtig dunkel ist und machen Sie dem Kind entschieden klar, dass es *wirklich* noch zu früh zum Aufstehen ist.

Bei Kindern, die aus dem Bett klettern, hilft nur ein Kinderbett mit ausreichend hohem Gitter, denn richtige «Kletterer» steigen sogar mit Schlafsack aus einem niederen Gitterbettchen heraus.

Schließlich sollte man sich überlegen, ob das Kind am Tag nicht

Das Problem mit dem Schlafen

Oft wird in wird in diesem Alter dazu übergegangen, das Kind nur noch einmal am Tag schlafen zu legen. Diese Phase der *Umstellung* zieht sich meistens ziemlich lange hin. Das bedeutet konkret, dass das Kind einige Tage nur mit dem Mittagsschlaf auskommt, dann wiederum einige Tage auch am Vormittag nach einem Schläfchen verlangt, um den Mangel an Schlaf auszugleichen. Ist es schließlich so weit, dass das Kind nur noch einmal am Tag schläft, so ist der Mittagsschlaf oft sehr tief, und es wacht nur mit Mühe auf.

Tagsüber führt das Kind ein so intensives Leben, dass es abends nur schwer vom Tag Abschied nehmen kann. Ein *Abendritual* wird nun wichtig. Richten Sie kleine Gewohnheiten ein, aber halten Sie das abendliche Ritual kurz und einfach. Später können Sie es immer noch ausdehnen, das geht leichter als anders herum.

Ein Kind, das sich im Bett durch vieles Wühlen aufdeckt und dadurch auskühlt, sollte am besten in einem Wollschlafsack schlafen.

zu vielen Sinneseindrücken ausgesetzt ist; denn auch *überreizte Sinne* können Ursache für Störungen beim Ein- und Durchschlafen sein.

Spiel und Spielzeug

Das kindliche Spiel entsteht einerseits aus der *Nachahmung* von allem, was das Kind in seiner Umgebung an Handlungen sieht, und andererseits aus *zufälligen Entdeckungen*. Indem das Kind etwas Bestimmtes immer wieder ausprobiert, entstehen Veränderungen und Variationen.

Dem kleinen Kind genügen oft Gegenstände aus dem Haushalt, mit denen es spielen darf: eine Schachtel, um Dinge hinein zu tun, eine kleine Kiste, die es öffnen und schließen kann, und etwas, an dem es herumfummeln darf. Es will selbst die Welt *entdecken.* Wenn Sie ihm geeignetes Spielzeug geben, brauchen Sie ihm nicht vorzumachen, wie damit gespielt werden muss. Um möglichst vielseitige Eindrücke zu gewinnen, sollte es mit allem Möglichen spielen, mit glatten und groben Bauklötzen, nassem und trockenem Sand, einem leichten Korb und einer schweren Kiste, einem weichen Püppchen oder einem harten Ball.

Das Kind will die Welt entdecken

Zwischen den Streifzügen und Entdeckungsreisen stellt der Laufstall immer wieder einen sicheren und geschützten Ort dar, wo das Kind mit einigen Spielsachen ungestört spielen kann.

Spielen im eigentlichen Sinne, wie das in einigen Jahren möglich sein wird, ist noch schwierig. *Mitmachen* bei allem, was im Haus geschieht, regt in diesem Alter am meisten zum Spielen an. Auch lieben es die Kinder, wenn die Eltern sich mit ihnen balgen und Fangen spielen.

Allgemeine Pflege

Sie können das Kind auf das spätere Zähneputzen vorbereiten, indem Sie in seinem Beisein selbst die Zähne putzen.

«Dauerfläschchen» schaden den Zähnen

Fläschchen mit Fruchtsaft, Milch oder gesüßtem Tee sind eine große Gefahr für die Kinderzähne (siehe S. 74). Geben Sie dem Kind nur zu festen Zeiten etwas zu trinken, z.B. wenn Sie selbst Kaffee trinken, und bringen Sie ihm bei, aus einem gewöhnlichen Becher zu trinken. Kann das Kind sich nur schwer von seinem Fläschchen trennen, so lassen Sie dieses z.B. in den Ferien *unauffällig* zurück.

Da die Kinder in dieser Periode häufig auf dem Boden spielen, wo es zumeist kalt ist und zieht, und sie alles Mögliche in den Mund stecken, sind sie regelmäßig erkältet. Ziehen Sie die Kinder *warm genug* an und achten Sie besonders darauf, dass der Unterleib gut warm ist. Das Kind kann noch nicht alleine die Nase putzen, das werden Sie übernehmen müssen. Sorgen Sie dafür, dass seine Wangen immer gut mit einer Babycreme oder Vaseline eingefettet sind, sodass seine Haut nicht *austrocknet* und *rau* wird.

Sind Schnuller oder Daumenlutschen schädlich?

Ist das Kind an einen *Schnuller* gewöhnt, so sollte man den Gebrauch immer mehr *einschränken*, bis das Kind ihn schließlich nur noch zum *Einschlafen* bekommt. Man könnte ihn dann auch aus dem Bett holen, sobald das Kind eingeschlafen ist. Noch besser aber ist es, darauf hinzuarbeiten, dass ein Kuscheltier oder eine Puppe den Platz des Schnullers einnimmt.
Lutscht das Kind am Daumen, so braucht man ihm das noch nicht abzugewöhnen, bis es *drei Jahre* alt ist. Ist das Daumenlutschen daran gekoppelt, dass gleichzeitig ein Püppchen oder Kuscheltier gedrückt wird, kann man diese Gewohnheit einschränken, indem man den kleinen Schmusefreund tagsüber im Bett liegen lässt.
Kinder, die ständig einen Schnuller oder den Daumen im Mund haben, können auf die Dauer Probleme mit Ohren und Atemwegen bekommen. Auch besteht die Gefahr, dass *Veränderungen des Gebisses und des Gaumens* auftreten und dass sich das Sprechen ändert. Wenn nötig, wenden Sie sich an den Kinderarzt.

Die Ohren dürfen auf keinen Fall mit Wattestäbchen sauber gemacht werden, denn dadurch wird das Ohrenschmalz in den Gehörgang geschoben, anstatt dass es von alleine herauskommt. Reste in der Ohrmuschel werden besser mit einem kleinen Wattebausch oder dem Zipfel eines Waschlappens entfernt.

Ziehen Sie dem Kind Socken an, die *groß genug* sind. Stretchsocken sind nicht geeignet, weil sie stark spannen. Schuhe braucht das Kind erst, wenn es richtig laufen kann (siehe S. 88). Von *Laufgeräten* ist dringend abzuraten, da das die eigene selbstständige Eroberung der senkrechten Körperhaltung behindert. Auch Kleinkinderschwimmen ist nicht unbedingt zu empfehlen.

Die größten Gefahrenquellen

Steckdosen sollten *kindersicher* sein. Desgleichen sollte die Küche ein sicherer Ort sein; es sollten für das Kind keine scharfen Messer oder heißen Kochtöpfe in Reichweite sein. Im Esszimmer bedeutet die Tischdecke eine Gefahr, denn das Kind könnte daran ziehen und sich mit dem heißen Teetopf oder anderen Dingen, die auf dem Tisch stehen, verletzen. Im Kinderzimmer muss das Bettchen sicher sein, d.h. dass das Kind nicht herausfallen oder sich womöglich zwischen den Gitterstäben einklemmen kann. Lassen Sie das Kind niemals alleine in der Badewanne und sorgen Sie dafür, dass es nicht ausrutschen kann, indem Sie z.B. auf den Boden der Wanne Antirutschstreifen kleben. Auch können kleine herumliegende Gegenstände in der Wohnung gefährlich sein.

Sicherheit

Vor welchen Gefahren muss das Kind geschützt werden?

In diesem Alter will das Kind alles *in den Mund stopfen* und überall *hinaufklettern*. Das fordert von den Eltern unentwegte *Wachsamkeit*. Achten Sie darauf, dass es keine *giftigen Stoffe, Pflanzen und Aschenbecher* erreichen kann und dass Fenster, Türen, Treppen, Balkone, Regale usw. gesichert sind.

Das Laufställchen stellt weiterhin einen sicheren Ort dar. Sie können das Kind ruhig einige Male am Tag in den Laufstall setzen. Am besten in einem festen Rhythmus, nicht nur, weil es gerade ungehorsam ist oder als «Strafe» dafür, dass es etwas angestellt hat.

Gibt es Tiere in der Umgebung des Kindes wie Hase, Meerschweinchen, Hund, Katze oder Wellensittich, so ist es ratsam, sich beim Tierarzt gut darüber zu informieren, bei welchen Tieren manche Kinder überempfindlich reagieren, welche Krankheiten ein Tier übertragen kann und welche Vorkehrungen man treffen sollte.

Draußen können Gewässer, auch wenn sie seicht sind, eine Gefahr darstellen. – Sorgen Sie für einen sicheren Kindersitz im Auto und auf dem Fahrrad.

Ein Becher, der nicht umkippen kann

Ernährung und Essgewohnheiten

Das Kind kann nun mit den Eltern am Tisch sitzen und an der gemütlichen *gemeinsamen Mahlzeit* teilnehmen, auch wenn es noch nicht genau dasselbe zu essen bekommt wie die anderen. Allein schon die Tatsache, dass es mit den anderen am Tisch sitzen darf, kann seinen Appetit anregen. Das Kind darf bereits eine ganze Anzahl Gemüsesorten und Getreidearten mitessen – vorausgesetzt, seine Portion ist ungesalzen und richtig gar gekocht.

Im Kleinkindalter isst das Kind im Allgemeinen *weniger* als im Babyalter und außerdem ist sein Appetit nicht immer *gleich groß*. Laden Sie seinen Teller also nicht zu voll. Drei kleine Mahlzeiten und zwei Zwischenmahlzeiten sind besser als einmal ein gehäufter Teller. Übrigens kann vieles Safttrinken den Appetit verderben.

Viele Kinder wollen in diesem Alter selbst mit dem Löffel essen. Damit man nicht ganz die Kontrolle darüber verliert, was und wie viel das Kind isst, hat man am besten einen Löffel in der Hand und das Kind ebenso. Manche Kinder essen mit den Händen; hierbei muss man abspüren, was man erlauben kann und was nicht.

Ein deutliches Ritual am Ende der Mahlzeit hilft dem Kind sich daran zu gewöhnen, bis zum Schluss der Mahlzeit sitzen zu bleiben, bis alle fertig gegessen haben. Für ein Kind in diesem Alter ist 15 bis 20 Minuten Stillsitzen eine enorme Leistung.

Macht man das Kind von Anfang an mit einem Haltegurt im Kinderstuhl fest, so wird dieses Attribut zu etwas Selbstverständlichem; das viele Schimpfen, weil das Kind nicht sitzen bleibt, wird dadurch überflüssig.

Von eineinhalb bis zwei Jahre

Entwicklung

Viele neue Fähigkeiten sind jetzt zu entdecken

Das Kind verfügt nun über eine große Anzahl *motorischer Fähigkeiten*, die sich in nächster Zeit immer mehr verfeinern werden. Es fällt ihm immer leichter, mehrere Bewegungen gleichzeitig auszuführen, z.B. sich während des Gehens umzusehen.

Eine Türschwelle ist kein Problem mehr. Viele Kinder können schon die Treppe hinauf und hinunter gehen, wobei sie sich am Geländer festhalten. Bevor sich das Kind in Bewegung setzt, muss es sich selbst einen kleinen Ruck geben; dann aber ist es nicht leicht zu bremsen. Eine Kurve zu kriegen, fällt ihm noch schwer. Einen Ball wirft es mit dem ganzen Arm, und es *schiebt* ihn oft mit dem Fuß, statt ihn zu kicken.

Das Kind kann jetzt nicht nur die Schuhe alleine ausziehen, sondern auch allerlei Kleidungsstücke. Im Kinderstuhl sitzt es aufrecht und locker, und es gelingt ihm, mit einem Löffel zu essen, allerdings noch nicht, ohne zu kleckern.

In dieser Periode entdeckt das Kind, dass jeder Gegenstand einen *Namen* hat. Die Anzahl Wörter, die es aktiv gebraucht und begreift, nimmt zu. Überwiegend sind es praktische Begriffe, denn abstrakte haben noch keine Realität für das Kind. Auch kann es bereits einige Körperteile benennen, wenn man danach fragt.

Das Sprechen beginnt

Das *Verständnis* für die Sprache nimmt zu, das Kind bildet nun auch kurze Sätze wie «Papa weg» und «Mama Stuhl». Je nach Intonation hört man, ob es sich um eine *Frage*, eine *Feststellung* oder einen *Befehl* handelt. Auf Bitten wird das Kind in einem Bilderbuch auf die entsprechende Darstellung zeigen. So eignet es sich eine primitive Form des Lesens an, wobei *Bild und Sprache kombiniert* auftreten. Das Anschauen von Bilderbüchern, Frage- und Antwortspiele, das Sprechen von Reimen und das Singen von Liedchen passen zu dieser Entwicklungsphase und werden fast von allen Kindern geliebt.

Wie herrlich sind doch die kindlichen Abendmonologe im Bett.

Viele Kinder liegen abends noch eine Weile wach und verarbeiten durch endloses Reden und Plappern den vergangenen Tag.

Kind und Eltern

Soziale Fähigkeiten sind noch nicht entwickelt

Die Welt ist nur mir zuliebe da, scheint die Lebensmaxime des Kindes in diesem Alter zu sein. Es ist noch nicht fähig, sich in einen anderen Menschen *einzufühlen*; es hat also keinen Sinn, an *soziale Fähigkeiten* zu appellieren. Andere Kinder, insbesondere Babys, werden eher als *Gegenstand* denn als *Mensch* gesehen. Das Kind merkt zwar, dass es beim anderen Menschen eine Reaktion auslöst, wenn es ihn schubst oder schlägt – häufig lockt es eine solche Reaktion sogar absichtlich hervor –, aber diese Wahrnehmung bringt es nicht mit seinen eigenen Schmerzerfahrungen in Verbindung.

Das Kind möchte immer mehr Dinge *alleine* machen und alles Mögliche ausprobieren, ist aber dann doch sehr *enttäuscht*, wenn ihm etwas nicht gelingt. Will man ihm helfen, stößt man oft auf *Widerstand*. Zum Glück lässt sich das Kind in diesem Alter noch leicht ablenken.

Dem Kind muss deutlich klargemacht werden, was erlaubt ist, und was nicht

Das Gedächtnis des Kindes ist noch sehr begrenzt, sodass es nicht genau behalten kann, was es darf und was nicht. Es gelingt ihm noch nicht, sich selbst bei Unerlaubtem zu bremsen. Indem man das Kind immer dort wegholt, wo es nicht sein darf, und indem man ihm anschließend zeigt, was erlaubt ist, wird es allmählich lernen, *Erlaubtes* von *Unerlaubtem* zu unterscheiden.

Jähe Übergänge gefallen dem Kind ganz und gar nicht; es liebt es, wenn Dinge zu Ende geführt werden, also fertig sind. Das Wort «fertig» kennen viele Kinder schon sehr früh und wenden es mit Vorliebe in allen Situationen an. Beschließt man z.B. die Mahlzeiten mit einem Ritual wie einem kurzen Lied, Spruch oder Gebet, so kommt man diesem *Bedürfnis* entgegen.

Obwohl es dem Kind schon etwas leichter fällt, eine Weile ohne Vater und Mutter zu sein, hat es diese doch am liebsten immer um sich. In dieser Altersphase hält es sich den ganzen Tag in der Nähe des Erwachsenen auf. Das bedeutet einerseits, dass Sie viel Gelegenheit haben, Ihr Kind zu genießen, aber andererseits nur kurze Zeiten am Tag übrigbleiben, in denen Sie etwas *für sich* tun können. Solche Zeiten werden Sie also *bewusst* schaffen müssen.

Schlafen und Wachen

Ist jetzt ein kürzerer Mittagschlaf angesagt?

In diesem Alter braucht das Kind noch unbedingt einen *Mittagsschlaf*. Manche Kinder schlafen aber nachmittags so tief, dass man sie kaum aufwecken kann. Die Folge ist, dass sie abends nur schwer einschlafen. Vielleicht könnte man in diesem Fall das Kind mittags früher ins Bett legen. Hilft das nicht, so wird man wählen müssen: kürzere Mittagsruhe oder abends später ins Bett.

Hat das Kind abends *Schwierigkeiten mit dem Einschlafen*, so sollte man vor dem Schlafengehen wildes Toben vermeiden. Darüber hinaus ist es hilfreich, wenn man sich noch eine Weile in der Nähe des Zimmers zu schaffen macht.

Spiel und Spielzeug

«Richtiges» Spielzeug wird immer beliebter

Geliebte Beschäftigungen sind: allerlei Sachen herumschleppen und auseinanderlegen, im Haushalt mithelfen und mit Sand und Wasser spielen. Allmählich tritt zu den Gegenständen des Haushalts das echte Spielzeug hinzu: Puppen und Puppenzubehör, Stofftiere, Bälle und Spielzeug, das man schieben oder fortbewegen kann.

Immer ist das Kind zu allerlei Spielen aufgelegt wie Fangen, Hund spielen, Herumtoben, Verstecken oder mit dem Ball spielen.

Allgemeine Pflege

Sorgen Sie für einen gesunden Wechsel zwischen Aktivität und Ruhe, Alleinsein und Zusammensein, drinnen und draußen sein. Eventuell können Sie einige Tage hintereinander Buch führen über das, was das Kind tagsüber alles macht, sodass Sie sehen können, ob der Tagesablauf ausgewogen ist.

Die Spielecke ist jetzt wichtig

In diesem Alter braucht das Kind viel Raum zum Spielen. Im Haus muss es seine bestimmten Ecken haben, wo es nach Lust und Laune spielen kann, und im Freien muss Gelegenheit zum Rennen und Klettern gegeben sein.

Auf spielerische Art kann jetzt mit dem Zähneputzen angefangen werden; drängen Sie aber das Kind nicht zu sehr. Achten Sie darauf, dass es nicht mit der Zahnbürste im Mund herumläuft, es könnte sich bei einem Sturz schwere Verletzungen zuziehen (siehe auch S. 73).

Sicherheit

Neue Gefahren tauchen auf

In diesem Alter gelten im Großen und Ganzen die gleichen *Sicherheitsmaßnahmen* wie in der vorherigen Phase. Auch noch im Alter von eineinhalb bis zwei Jahren erkennen Kinder mögliche Gefahren noch nicht. Sobald das Kind imstande ist, Türen zu öffnen, weitet sich seine Welt erheblich. Der Garten muss von nun an *abgeschlossen* werden können, und Schuppen oder Garage müssen *kindersicher* sein. Falls es im Garten einen Teich gibt, sollte dieser mit einem Rost abgedeckt werden. Ist das Treppengeländer stabil? Steht kein Bett oder Hocker vor einem geöffneten Fenster oder einem Fenster, das das Kind öffnen könnte?

Ernährung und Essgewohnheiten

Unterschiedliche Bedürfnisse

Am Tisch sollte eine *ausgeglichene Atmosphäre* herrschen, sodass das Kind in aller Ruhe essen kann. Die Menge, die ein Kind pro Tag isst, ist manchmal gering. Für manches Kind sind zwei Butterbrote, etwas Obst, 400 ml Milch oder Joghurt, ein wenig Käse und eine kleine Portion warmes Essen mit wenig Fett völlig ausreichend; andere Kinder essen viel mehr. Die *individuellen Unterschiede* sind groß, und nur wenn ein Kind extrem wenig oder extrem viel isst, ist Grund zur Besorgnis gegeben. In diesem Alter entstehen bei vielen Kindern starke Vorlieben für bestimmte Geschmacksrichtungen, und sie weigern sich manches zu essen, das sie vorher durchaus mochten. Lassen Sie die betreffenden Speisen vorläufig weg und bieten Sie sie einige Zeit später wieder an, vielleicht in einer anderen Zubereitung.

Keine Naschereien zwischendurch!

Bekommt das Kind immer wieder zwischendurch etwas zu *naschen*, so verdirbt ihm dies den gesunden Appetit, und schließlich möchte es nur noch essen, was es besonders lecker findet. Die neue *Strategie* lautet: Zwischen den Mahlzeiten nur einmal eine Kleinigkeit und mindestens eine Stunde vor der Mahlzeit nichts essen und trinken!

Sonst ändert sich in der Ernährung nicht viel, außer dass vermehrt Gemüse angeboten werden kann. Rohkost aus Knollensellerie, Möhren, Endivien, Ackersalat und Kopfsalat kann ganz fein geschnitten und in kleinen Portionen vorsichtig probiert werden. Gegen Blähungen nach dem Genuss von Kohl hilft das Mitkochen von Fenchelsamen.

Von zwei bis drei Jahre

Entwicklung

Zunehmende Selbstständigkeit

Ein *zweijähriges Kind* steht fest auf beiden Beinen: Es kann rennen (aber noch nicht gut anhalten oder die Richtung ändern), einen Ball kicken, ohne umzufallen, und sich geschickt auf der Treppe bewegen. Auch gelingt es ihm, die Tür zu öffnen: Schaukelnd auf den Zehenspitzen ergreift es die Türklinke und öffnet die Tür, während es manchmal gleichzeitig rückwärts geht. Im Laufe der Zeit lernt es springen, auf einem Bein stehen und auf den Zehen gehen.

Das Kind wird immer *selbstständiger*. Ein *Zweijähriges* kann seine Kleider größtenteils selbst ausziehen; ein *Dreijähriges* kann sich teilweise schon selbst anziehen, jedenfalls die Kleidungsstücke, die dafür geeignet sind. Eine Hose im Stehen anzuziehen, ist noch schwierig, weil man dabei auf einem Bein stehen muss. Auch das Sauberwerden ist ein wichtiger Schritt auf dem Weg zur Selbstständigkeit.

Im Spiel spiegelt sich die Umwelt

Im Spiel entstehen immer höhere Türme und kompliziertere Bauwerke. Aus der Nachahmung heraus kümmert sich das Kind voller Hingabe um seine Puppen oder betreibt eine Autowerkstatt. Das Dreirad wird anfänglich geschoben, und erst um das *dritte Lebensjahr* herum kann ein Teil der Kinder richtig darauf fahren.

Im selben Jahr wird das Kind längere Sätze bilden, in denen nun auch Substantive, Adjektive, Verben und sowohl Subjekt als auch Objekt vorkommen. Am Anfang des *dritten Lebensjahres* können viele Kinder sich selbst beim Namen nennen. Im Laufe des Jahres wird es zu sich selbst «Ich» sagen, was man als eine Art Durchbruch bezeichnen kann.

Das Kind erfindet neue und originelle Wörter. Oft spricht es die Wörter noch nicht ganz richtig aus. Findet es manchmal nicht sofort das richtige Wort, wird es ungeduldig und fängt an zu stottern. Das ist eine normale Erscheinung, die meistens von alleine verschwindet. Nehmen Sie sich Zeit, Ihrem Kind *zuzuhören*, sodass es in aller Ruhe sagen kann, was es möchte.

Die Erinnerungsfähigkeit erwacht

Das *Gedächtnis* entwickelt sich weiter. Wird das Kind während des Spiels kurz abgelenkt, so nimmt es nachher den Faden wieder auf, denn es erinnert sich an seine vorherige Beschäftigung. Das zeigt sich auch in kleinen Gesprächen. Erzählt man dem Kind z.B. von dem großen Hund, den man auf dem Spaziergang gesehen hat, so leuchtet richtig das *Sich-Erinnern* in seinem Gesicht auf. Außerdem entwickelt sich sein Gedächtnis durch das Erleben der festen Gewohnheiten in und um das Haus herum.

Nun fängt das «richtige» Malen an: horizontale und vertikale Striche, Punkte, Kritzeleien und schließlich Kreise.

Kind und Eltern

Wie umgehen mit ständigem Geplapper?

Im *zweiten Lebensjahr* wurde noch jedes neue Wort des Kindes mit Freude begrüßt. Jetzt müssen Sie aufpassen, dass Sie dem Redestrom überhaupt noch folgen können, und zu allem Überfluss will das Kind auch noch, dass Sie immer *zuhören*! Vergisst das Kind über diesem ständigen Geplapper sogar das Essen, sollten Sie ihm

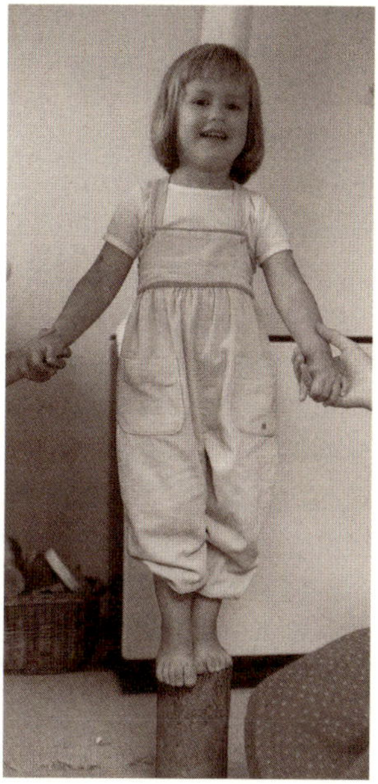

deutlich machen, dass man nicht gleichzeitig essen und reden kann. Außerdem können Sie ihm durchaus klar machen, dass Sie auch manchmal etwas tun müssen, bei dem Sie sich nicht unterhalten können.

Korrigiert man die kindliche Sprache, so verunsichert man womöglich das Kind. Es ist nämlich noch nicht imstande, seine eigenen Worte kritisch zu beurteilen. Es entspricht vielmehr dem kindlichen Wesen, wenn Sie in Ihrer Antwort die fehlerhaft ausgesprochenen Wörter in der richtigen Form wiederholen: «Mama, Linne jieb?»– «Ja, Linde ist lieb.»

Weil das Kind auf *sprachlichem* Gebiet bereits große Fortschritte gemacht hat, schließen wir daraus, dass es auch vieles *begreift*, und unsere Erwartungen sind dementsprechend hoch. In Anwesenheit von Vater oder Mutter weiß das Kind durchaus, was es darf oder nicht. Aber ohne diese vertrauten Personen und deren *ordnende Wirkung* in seiner Nähe, hält es sich oft nicht an die Regeln. Das hat nichts mit einer schlechten Erziehung oder einem nicht richtig entwickelten Gewissen zu tun. In diesem Alter hat das Kind noch kein persönliches Gewissen; man könnte sagen, dass der Erzieher vorläufig sozusagen das Gewissen des Kindes vertritt.

Die goldene Mitte zwischen zu starker und zu geringer Anregung

Das Kind weiß sich schon recht gut zu helfen. Die Kunst des Erziehers liegt darin, den richtigen *Mittelweg* zu finden zwischen zu starker und zu geringer Anregung. Praktische Fähigkeiten, die das Kind selbstständiger machen, kann man durchaus mit ihm üben, denn sie gehören nun einmal zum alltäglichen Leben; außerdem bereitet jede neu erworbene Fertigkeit dem Kind große Freude. Wird ihm etwas in spielerischer Form vorgemacht, so ist es meistens bereit, Neues zu erlernen; zwingt man das Kind jedoch zu etwas, so *blockiert* es schnell.

Das kleine Kind ist noch nicht imstande, *selbstständig* eine Wahl zu treffen. Fordert man es auf, aus einem großen Angebot an Kleidungsstücken eines *auszuwählen*, so kann es sich nicht *ent-*

Feste Gewohnheiten einführen

scheiden. Die Eltern sollten ihm diese Arbeit abnehmen. Ähnliches gilt auch für die täglichen Aktivitäten und die Wochenplanung. Hilfreich ist es, wenn die einzelnen Wochentage mit festen Gewohnheiten verbunden sind, wenn es z.B. sonntags ein besonders schönes Frühstück gibt, mittwochs die Kinderfarm besucht wird, usw. Organisatorisches Talent ist hierbei gefragt. Auch in kleinen Dingen kann man ohne viel Aufhebens lenkend wirken. Wenn man z.B. möchte, dass das Kind Gummistiefel anzieht, sollte man vorher die Sandalen wegräumen.

Wie gesagt, mag das Kind ganz und gar nicht, wenn es aus einer Beschäftigung *herausgerissen* wird; womöglich reagiert es mit einem Zornausbruch. Derartigen Situationen kann man vorbeugen, indem man das Kind auf das Kommende vorbereitet. Das Kind ahnt bereits, was die Begriffe «jetzt» und «nachher» bedeuten, vor allem, wenn sie an *konkrete Handlungen* gekoppelt werden: «Jetzt decke ich den Tisch und danach essen wir.»

Dem erwachenden «Individuum» müssen Grenzen gesetzt werden

Irgendwann im Laufe des *dritten Lebensjahres* fängt das Kind an, sich selbst als ein *Individuum* gegenüber der Welt zu erleben. Es sagt nun «Ich» zu sich und gleichzeitig «nein» zur Welt. Das Kind möchte unbedingt alles selbst machen. Um zu einem gesunden *Ich-Bewusstsein* zu gelangen, muss es Grenzen erleben. Natürlich wird es sich gegen diese Grenzen auflehnen – eine durchaus *gesunde Reaktion* auf eine *gesunde Beschränkung*. Werden dem Kind keinerlei Grenzen gezogen, so wird es diese geradezu durch störendes Verhalten *herausfordern*.

Auf der anderen Seite sollte man nicht ständig in das Tun des Kindes *eingreifen*, es braucht seine *Bewegungsfreiheit*. Ein fester und selbstverständlicher Tagesablauf gibt dabei dem Kleinkind den nötigen Halt. Darüber hinaus können Ablenkung, Humor oder Kreativität dazu beitragen, dass nicht jede Konfrontation einen Zornesausbruch auslöst.

Wie begegnet man Zornesausbrüchen?

Ein richtiger Zornesausbruch sieht unter Umständen *dramatisch* aus. Das Kind wirft z.B. mit Gegenständen herum oder schlägt den Kopf auf den Boden. Auch für das Kind ist diese Erfahrung dramatisch, und wenn der Ausbruch vorbei ist, braucht es unbedingt

Zuspruch und *Trost* der Eltern. Tritt ein solcher Wutanfall als Reaktion auf eine elterliche Anweisung auf, so hat es keinen Sinn sich aufzuregen oder womöglich selbst auch noch herumzuschreien. Am besten ist es, dem Spektakel nicht allzu viel Aufmerksamkeit zu schenken und das Kind sich austoben zu lassen. Manche Kinder beruhigen sich, wenn man sie festhält.

Toben als Machtmittel

Merkt das Kind aber, dass sein Toben starken Eindruck auf seine Umgebung macht, so wird es dieses als *Machtmittel* anwenden, um etwas zu erzwingen. Indem man möglichst gelassen reagiert und sich weiterhin an die gewohnten Regeln hält, nimmt man dem Kind den Wind aus den Segeln.

Schlafen und Wachen

Ein ausgewogener Tagesrhythmus schafft gute Gewohnheiten

Wie bereits gesagt, brauchen Kinder in diesem Alter einen *ausgewogenen Tagesrhythmus*. Fehlt dieser in der Familie aus irgendwelchen Gründen, so wird das Kind darauf reagieren, indem es unruhig schläft.

Manche Kinder wollen nachmittags nicht mehr schlafen. Ohne Mittagsschlaf ist der Tag aber sehr lang, und abends ist das Kind oft völlig überdreht, sodass es schwer einschläft oder nachts aus dem Tiefschlaf aufschreckt. Am besten ist es, das Kind weiterhin um die gewohnte Zeit, z.B. gleich nach dem Mittagessen ins Bett zu bringen, ohne auf die etwaigen Proteste zu achten. Vielleicht hilft es, wenn Sie sich auch hinlegen, eventuell zusammen mit dem Kind.

In diesem Alter nehmen manche *schlechten Schlafgewohnheiten* ihren Anfang. Manch ein Kind hält an einer einmal angenommenen schlechten Gewohnheit hartnäckig fest, bis schließlich seine Eltern völlig erschöpft sind.

Manchmal kann man einem Kind, das *Einschlafstörungen* hat, helfen, indem man sich mit ihm vor dem Schlafengehen kurz über den vergangenen Tag unterhält: «Du bist heute zum Opa gegangen, und dummerweise hat er das Brot für die Enten vergessen.»

Manchmal hindern auch *Ängste*, deren Ursprung nicht deutlich ist, die Kinder am Einschlafen. Hat das Kind tagsüber ferngesehen,

Gründe für Schlafstörungen

so sind erfahrungsgemäß die Angstgefühle oft darauf zurückzuführen. An der Art, wie das Kind weint, kann man meistens *heraushören*, was der Grund seines Kummers ist: Entweder ist es krank oder hat Angst oder will nur unsere Aufmerksamkeit auf sich ziehen. Wenn wir als Eltern mit bestimmten Maßnahmen die Nachtruhe wieder herstellen wollen, wird sich das quengelnde Kind erst recht sträuben und vor Wut losbrüllen. Auch das ist eine gesunde Reaktion, wodurch wir uns nicht beirren lassen sollten.

Steigert sich das Kind aber in eine Art *Panik* hinein, was man ebenfalls an der Art des Weinens erkennt, sollten die Eltern ihm in aller Ruhe deutlich machen, dass alles in Ordnung ist und dass nachts alle Menschen in ihrem Bett schlafen. Weiß man, wovor sich das Kind fürchtet, z.B. vor dem schrecklichen Tier, das sich unter seinem Bett versteckt, so sollte man dieses «Ungeheuer» schleunigst zum Fenster hinausjagen!

Spiel und Spielzeug

Beliebt: ein Spielhaus

Ein *Zweijähriges* spielt gerne unterm Tisch oder in einem Häuschen. Nachdem der Laufstall ausgedient hat, äußert sich sein Bedürfnis nach Begrenzung und einer gemütlichen Spielecke in dieser Art Spiel. Ein Spielhaus oder eine Anzahl Tücher, mit denen selbst ein Häuschen gebaut werden kann, kommen diesem Bedürfnis entgegen.

Es empfiehlt sich, dem Kind nicht ständig all seine Spielsachen zur Verfügung zu stellen. Räumen Sie ruhig einiges für eine Zeit weg, um es später wieder zum Vorschein zu holen, je nach *Spielinteresse* des Kindes. Sie sollten aber auch nicht in das andere Extrem verfallen, nämlich zwischendurch immer wieder die herumliegenden Spielsachen wegzuräumen, weil das Kind in dieser Altersphase noch häufig von dem, was so herumsteht oder -liegt zum Spielen angeregt wird. Am Ende des Tages können Sie natürlich mit dem Kind zusammen das Zimmer aufräumen.

Erst am Abend wird aufgeräumt

Schaukelpferd, Dreirad und das Spielzeug, das schon zur vorherigen Altersphase passte, werden die Spielbedürfnisse des Kindes abdecken. Jedes Kind hat seine eigene Art zu spielen. Das eine, das viel mit seinen Puppen spielt, wird zusätzliche Puppenkleider brauchen, während ein anderes, das lieber mit (Holz-)Tieren, einer Eisenbahn oder kleinen Autos spielt, für weiteres Zubehör dankbar sein wird.

Was die kleinen Kinder jetzt mögen

Das Malen mit Wachskreiden oder Wasserfarben, das Kneten oder einfach nur Herumkleckern sind überaus beliebt (siehe S. 98).

Darüber hinaus mögen kleine Kinder es besonders gern, wenn sich der Erwachsene mit ihnen beschäftigt, z.B. mit ihnen Ball spielt, herumtobt, allerlei kleine Kunststücke ausführt und bastelt. Viele Kinder haben auch eine Vorliebe für Bilderbücher; es gelingt ihnen jetzt, die Seiten umzuschlagen und die verschiedenen Abbildungen zu benennen. Reime und Liedchen bleiben weiterhin populär.

Allgemeine Pflege

Aufenthalt im Freien

Das Dreirad ist jetzt das beliebteste *Fortbewegungsmittel.* Natürlich sollte das Kind außerdem regelmäßig gehen, rennen und klettern; zumindest eine Stunde am Tag sollte es sich im Freien austoben können.

Wie gesagt, lohnt es sich, das Kind im Laufe des Jahres beim eigenen Kontrollbesuch zum Zahnarzt mitzunehmen, sodass es sich an die Praxis gewöhnt, bevor es selbst mit *drei Jahren* etwa seinen ersten Zahnarzttermin hat.

Das äußere Wohlbefinden und Verhalten

Ist das Kind *lustlos* oder eher *überdreht,* sollten Sie prüfen, ob es vielleicht nicht zu kalt oder zu warm angezogen ist. Lange Haare, die ins Gesicht hängen, können das Kind irritieren oder träge machen. Manchmal wirkt es Wunder, wenn man ihm die Haare schneidet oder sie zu Zöpfen oder einem Pferdeschwanz zusammenbindet.

Das *Sauberwerden* ist ein wichtiger Schritt auf dem Weg zur Selbstständigkeit. Zwischen *zwei und drei Jahren* werden die meisten Kinder tagsüber sauber; in den nächsten Jahren werden sie es schaffen, auch nachts ohne Windel auszukommen.

Sicherheit

Das Kind darf immer noch nicht unbeaufsichtigt bleiben

Zu den Sicherheitsmaßnahmen, die für das Alter von ein bis *eineinhalb Jahren* gegolten haben, kommen jetzt noch einige dazu. Da das Kind nun auch auf Stühle usw. steigen kann, ist nichts mehr vor ihm sicher. Bei jeder sich bietenden Gelegenheit öffnet es Schranktüren und Schubladen und untersucht akribisch den Inhalt.

Auch ein *zweijähriges Kind* darf man nicht unbeaufsichtigt in der Badewanne oder im Planschbecken lassen. Auch Seen und Weiler in der Nähe des Hauses stellen eine Gefahr dar.

Fährt das Kind mit seinem Dreirad auf dem Gehweg, so fühlt es sich wie ein richtiger *Verkehrsteilnehmer*. Dennoch muss man es dabei ständig beaufsichtigen, denn man kann mit ihm noch keine Vereinbarungen darüber treffen, was es darf und was nicht.

Nahrung und Essgewohnheiten

Eine Phase hoher Ansprüche an die Eltern

Es gelingt dem Kind jetzt, mit einem Löffel zu essen und aus einem Becher zu trinken. Es kleckert auch weniger. Die meisten Kinder essen nun mit der Familie mit. Die Zusammenstellung der Nahrung bleibt im Prinzip gleich; aber die Weise, wie die Nahrung angeboten wird, hängt stark vom Kind selbst ab. Häufig wird in zunehmendem Maße die *warme Mahlzeit* zum Problem. Auf einmal weigert sich das Kind, Gerichte zu essen, die es vorher gerne mochte. In pädagogischer Hinsicht stellt diese Phase hohe Ansprüche an die Eltern. *Einfallsreichtum* und *Flexibilität* sind gefragt. Ein Kind kann man nicht zum Essen zwingen, man kann nur versuchen, die besten Bedingungen dazu zu schaffen.

Einige Tipps zum Thema Essgewohnheiten:

- Halten Sie an bestehenden Essgewohnheiten fest. Ist das Kind gewöhnt, bis zum Ende der Mahlzeit am Tisch sitzen zu bleiben, darf seine *Essensverweigerung* nicht damit «belohnt» werden, dass es früher vom Tisch aufstehen darf.

- Geben Sie ihm nur kleine Portionen, z.B. einen Esslöffel voll warmes Essen oder einen Esslöffel voll (oder etwas mehr) vom Nachtisch.
- Achten Sie darauf, dass zwischen den Mahlzeiten nicht zu viel gegessen wird. Eine Stunde vor Beginn der Mahlzeit kein Essen oder Trinken mehr!
- Wie viel Milch trinkt das Kind eigentlich am Tag? Manche schlechten Esser trinken nämlich täglich ungefähr einen Liter Milch. Reduzieren Sie in einem solchen Fall den Milchverbrauch bis auf einen halben Liter pro Tag, sodass das Kind wieder einen gesunden Appetit entwickeln kann.
- Vielleicht helfen appetitlich aussehende Gerichte dem Kind über seine Weigerung hinweg. Auch kann man unbeliebtes Gemüse in pürierter Suppe oder auch in Getreide- oder Gemüseküchlein verstecken.
- Das Spiel im Freien regt den Appetit an. Manche Kinder brauchen aber nach dem Spielen eine kleine Pause, bevor sie essen können, deshalb sollte man solche Kinder bereits eine halbe Stunde vor der Mahlzeit hereinholen.
- Isst das Kind seinen Teller nicht leer, so ist es am besten, ohne großen Kommentar den Teller abzuräumen.

Wenn schlecht gegessen wird

Viele Kinder, die das Essen *verweigern*, fangen nach einiger Zeit wieder von alleine an zu essen, vor allem wenn es gemütlich und ruhig am Tisch zugeht. Tritt über längere Zeit keine Besserung auf, sollte man sich beraten lassen.

Geht ein Kind, das mittags nichts essen wollte, nachmittags in eine Kindergruppe, kann man ihm vielleicht etwas vom Mittagessen mitgeben. Im Allgemeinen wird es dort mit mehr Appetit essen als zu Hause.

Süßigkeiten spielen eine immer größere Rolle. Die Kinder haben dieses überaus anziehende Gebiet nun einmal entdeckt, und Süßes wird ihnen auch überall angeboten. Es ist nicht immer einfach, dem Kind etwas Leckeres zu geben, das auch gesund ist. Im Litera-

Süßes – einmal am Tag

turverzeichnis finden Sie Bücher, die Sie hierbei beraten können. Wenn schon genascht wird, sollte man in vollen Zügen und ohne schlechtes Gewissen genießen. Für die Zähne ist es besser, einmal am Tag nach Herzenslust zu naschen und danach die Zähne zu putzen, als den ganzen Tag hindurch immer wieder kleine Mengen Süßigkeiten zu verspeisen.

Von drei bis vier Jahre

Entwicklung

Das Kind wird immer selbstständiger

Die Bewegungen des Kindes werden geschmeidiger und sicherer. Das Hochsteigen der Treppe bewältigt es inzwischen problemlos. Beim Hinuntergehen schafft es das noch nicht, da muss noch ein Halt mit beiden Füßen auf jeder Stufe eingeschaltet werden. Einen Ball kann es mit gestreckten Armen fangen oder in eine gewünschte Richtung kicken. Es wird immer selbstständiger. Knöpfe und Schnürsenkel können schon ganz gut alleine geöffnet werden. Die meisten Kinder werden jetzt auch nachts sauber.

Die Erinnerungsfähigkeit entwickelt sich weiter. Unsere frühesten Kindheitserinnerungen reichen in der Regel nur bis zu diesem Alter. Das Kind vermag nun auch, *abstrakte Dinge*, z.B. Zahlen, ins Gedächtnis zu rufen.

Das Bewusstsein für Ursache und Wirkung bildet sich

Vollständige Sätze werden gebildet, in denen auch Wörter vorkommen wie *gestern, morgen, weil, wenn, oder, wer, was, wo, warum, wann* und *wie.* An diesen Wörtern erkennt man, wie viele Dinge das Kind bereits begreift. Der Gebrauch z.B. von: *Wenn dieses … dann jenes* deutet daraufhin, dass das Kind die Dinge zeitlich einordnen kann und dass sich bei ihm ein *Bewusstsein* für *Ursache und Wirkung* heranbildet. Auch lernt es, die Begriffe *wir, ihr, mein, dein* richtig anzuwenden. Das Kind erkennt nun, dass nicht die ganze Welt ihm gehört, sondern dass gewisse Gegenstände zu anderen Menschen gehören und es also nicht alles anrühren darf.

Die Wörter werden nicht mehr so falsch ausgesprochen; aber da es ebenso schnell sprechen möchte, wie ihm die Wörter in den

Sinn kommen, gerät es leicht ins *Stottern*. Die grammatikalischen Regeln werden noch nicht richtig angewendet. Außerdem geht in diesem Alter von schmutzigen Wörtern eine ganz besondere Faszination aus (siehe S. 78).

Im *vierten Lebensjahr* werden erste Ansätze selbstständigen Denkens bemerkbar. Das Kind fragt unermüdlich nach dem «Warum» der Dinge. Manchmal hat man den Eindruck, dass es gar nicht wie bei uns Erwachsenen darum geht, eine Antwort zu bekommen, sondern lediglich um ein genüssliches Auskosten der neuen Möglichkeit, Dinge in Frage zu stellen.

Beim Malen erscheinen die ersten menschlichen Gestalten auf dem Papier, die sogenannten *Kopffüßler*.

Die Kindergartenzeit beginnt

Wird das Kind *vier Jahre* alt, geht die *Kleinkindphase* zu Ende und die *Kindergartenzeit* beginnt. Das Kind bezeichnet sich selbst als «Ich», es redet flott, bildet Haupt- und Nebensätze und wendet Adjektive an. Im Spiel gelangt die *Fantasie* zur vollen Blüte, so dass die Eltern das Kind nicht mehr so oft zum Spiel anregen müssen. Bilderbücher haben einen festen Platz im Leben des Kindes erobert, und das Kind erfasst den Zusammenhang zwischen Bild und Schilderung. Weicht man beim Erzählen vom vertrauten Text ab, bemerken das die kleinen Zuhörer sofort und fordern energisch den *richtigen* Wortlaut!

Kind und Eltern

Soziale Fähigkeiten erwachen

Während das Ich-Sagen immer mehr zur festen Gewohnheit wird, nimmt das häufige Neinsagen ab und die *Kooperationsbereitschaft* wächst zusehends. Ein *Dreijähriges* kann sich bereits besser beherrschen und warten, nicht zuletzt deshalb, weil es Begriffe wie «jetzt» und «später» begreift. Außerdem lernt es allmählich, sich an die Hausregeln auch dann zu halten, wenn die Eltern nicht in der Nähe sind.

Lob und Ermutigung sind die besseren Erzieher

Zum ersten Mal können *Schuldgefühle* beim Kind auftreten. Das *Gewissen* entsteht. Dieser erste Ansatz ist aber so zaghaft, dass man noch nicht daran appellieren darf. Erstens kann das Kind noch nicht aus eigener Einsicht mit Regeln umgehen; es kann noch nicht die jeweilige Situation einschätzen und dementsprechend reagieren. Zweitens neigen in diesem Alter manche Kinder dazu, zu hohe Anforderungen an sich selbst zu stellen. Würde man zudem noch an ihre Schuldgefühle appellieren, so wären sie *überfordert*. Es entspricht dem Wesen des kleinen Kindes viel mehr, wenn die Eltern nicht ständig Tadel oder Predigen aus ihrem Erziehungsrepertoire ziehen, sondern mit Lob und Ermutigung arbeiten.

Gegen Ende des *vierten Lebensjahres* fängt das Kind an, *Rücksicht* auf andere Menschen zu nehmen. Damit geht die Phase zu Ende, in der es die Welt ausschließlich auf sich bezogen betrachtete. Es hat außerdem erkannt, dass auch andere Menschen Gefühle haben.

Fragen und Argumente bestimmen die Auseinandersetzungen

Auf sprachlichem Gebiet ist das *dreijährige Kind* schon zu beträchtlichen Leistungen imstande. Wenn dem Kind z.B. ein Verbot nicht gefällt, kann das zu *lebhaften Auseinandersetzungen* führen. Lässt der Erwachsene sich darauf ein, wird er womöglich mit einer wahren Flut von Argumenten und Fragen nach dem Warum überschwemmt. Selbstverständlich ist es schön und auch notwendig, sich mit dem Kind zu unterhalten; Sie werden aber schnell merken, dass es Momente gibt, in denen es nicht darum gehen kann, ob nun Ihr Kind oder Sie die besseren Argumente hat. Häufig werden Sie in Situationen kommen, in denen das Kind Ihren Vorstellungen *folgen* muss, da es selbst nicht die Grundlagen für Entscheidungen besitzt. Da manches *vierjährige Kind* dennoch bereits so geschickt argumentieren kann, sind wir bisweilen in Gefahr zu vergessen, dass es in einer ganz anderen Welt lebt als wir. In seiner Fantasiewelt gelten nicht die Gesetze der Logik, wie wir sie kennen. Indem wir dem Kind bei seinem Spiel einfühlsam zuschauen und auf seine Fragen hören, können wir uns besser in seine Welt einfühlen und folglich seine Ängste und das, was es umtreibt, eher begreifen.

Schlafen und Wachen

Ruhepausen statt Mittagsschlaf

Oft wird es nun mit dem Mittagsschlaf endgültig vorbei sein, entweder weil das Kind ihn nicht mehr will oder weil es abends wegen des Mittagsschlafes nicht einschlafen kann. Auf jeden Fall sollten Sie die gute Gewohnheit der Mittagsruhe beibehalten und das Kind nach dem Mittagessen an einem ruhigen Ort, z.B. im Kinderzimmer, für sich spielen lassen. So schaffen Sie sowohl für das Kind als auch für sich selbst eine wohltuende Ruhepause im Tagesablauf.

Auch nachts gibt es jetzt andere Gegebenheiten

Auch in diesem Alter ist ein sinnvolles Abendritual wichtig, wobei Sie allerdings den Versuchen des Kindes widerstehen sollten, das Schlafengehen *hinauszuzögern*. Manche Kinder brauchen jetzt wegen des geänderten Verhältnisses von Kopf und Schultern (siehe S. 19) ein Kopfkissen. Ein flaches *Baumwollkissen* ist am besten geeignet, ein *Daunenkissen* erhitzt zu leicht. Ist das Kind jetzt auch nachts sauber, richtet man es so ein, dass es alleine aus dem Bett kann und eine gewöhnliche Pyjamahose trägt, die es ihm erlaubt, ohne Hilfe aufs Klo zu gehen. Aus diesem Grund ist in diesem Alter ein Hoch- oder Stockbett noch nicht geeignet. Auch kann das Kind nachts weiterhin von Ängsten geplagt werden.

Spiel und Spielzeug

Die Fantasiekräfte sind nun voll entfaltet

Im *vierten Lebensjahr* tritt das kindliche Spiel in eine neue Phase ein, weil die Fantasie sich voll entfaltet hat. Alles Mögliche kann ins Spiel eingebaut werden. Aus Stühlen, Tischen und Tüchern wird ein Fantasiehaus gebaut, mit Brettern und Bauklötzen werden Zugangswege gelegt, der Teppich ist das Meer, und wer darauf läuft, bekommt nasse Füße! Das Kind geht so stark in dieser Fantasiewelt auf, dass man sich fast wie ein Fremder vorkommt. Man hat nur eine Möglichkeit, das Spiel nicht zu stören: Man muss die gegebenen Regeln akzeptieren und z.B. die «Brücke» benützen, um trockenen Fußes auf die andere Seite zu gelangen.

Zu der *neuen Art* des Spielens gehört auch entsprechendes Spielzeug: Kleider, um sich zu verkleiden, allerlei Tücher, aber auch

Zusammenspiel mit anderen Kindern

Puppen, Kochutensilien, Schaffnerzubehör oder ein Arztkoffer. Gegen Ende des *vierten Lebensjahres,* wenn das Kind reif wird für den *Kindergarten*, spielt es manchmal schon mit anderen Kindern zusammen und teilt mit ihnen die Spielsachen. Diese soziale Fähigkeit wird sich vor allem durch gute Vorbilder und eine liebevolle Umgebung weiterentwickeln können. In diesem Alter basteln Kindern gerne, aber meistens brauchen sie noch jemanden, der sie anleitet.

Manche Kinder sind auch schon imstande, bei *Gesellschaftsspielen* mitzumachen; sie können sich an einfache Spielregeln halten und genießen das Zusammenspiel.

Allgemeine Pflege

Manchmal ist noch Hilfe nötig

Im *vierten Lebensjahr* können sich viele Kinder bereits unter den aufmerksamen Augen der Mutter selbst waschen und sich größtenteils ohne Hilfe anziehen. Doch ist es von ihnen noch zu viel verlangt, das, was sie können, auch immer auszuführen. Bei Kindern, die morgens langsam in Gang kommen, ist der Zeitdruck manchmal so groß, dass man ihnen beim Anziehen helfen sollte. Andere Kinder sind abends zu müde, um selbstständig zu essen, und können ruhig noch gefüttert werden.

Viele Kinder haben kalte, häufig auch feuchte Füße. Ist das bei Ihrem Kind der Fall, so sollten Sie seine Füße regelmäßig waschen und ihm täglich saubere, warme Socken anziehen.

Die Windeln werden entbehrlich

In der Regel kommen Kinder am Tag nun *ohne Windeln* aus. Im Laufe des *vierten Lebensjahres* gelingt es den meisten, auch nachts sauber zu sein. Wenn ein Kind tagsüber gerade sauber geworden ist, sollten Sie nicht gleich mit dem nächtlichen Training anfangen. Wickeln Sie es nachts weiterhin wie gewohnt und setzen Sie es *morgens* gleich nach dem Aufwachen aufs Töpfchen oder Klo. Es ist aber auch denkbar, das Kind noch einmal nachts aufs Töpfchen zu setzen. Welche Zeit am besten geeignet ist, muss man individuell herausfinden. Das kann unter Umständen bereits eine Stunde nach dem Einschlafen sein. Nicht alle Kinder werden bei diesem nächtlichen Manöver richtig wach. Bei manchen führt das nächtliche Wecken zum Erfolg, für andere bedeutet es nur eine Störung der Nachtruhe.

Das nächtliche Sauberwerden

Möchte das Kind von sich heraus ohne Windel schlafen, sollte man selbstverständlich darauf eingehen, auch wenn es vielleicht einige Male ein nasses Bett gibt. Im Handel sind *Gummiunterlagen* erhältlich, die sich nicht feucht anfühlen und die Matratze schützen. Auch in diesem Fall sollte man eine Zeit lang das Kind abends aus dem Schlaf holen, um es aufs Klo zu führen.

Die Maßnahme, dem Kind nach dem Mittagessen nichts mehr zu trinken zu geben, ist sinnlos, und das nächtliche Sauberwerden droht dadurch zu einem *belastenden Thema* zu werden. Es ist normal, dass viele Kinder auch mit *vier Jahren* nachts noch nicht sauber sind; erst ab *sechs oder sieben Jahren* spricht man von Einnässen, das dann behandlungsbedürftig ist.

Sicherheit

Immer noch ist Vorsicht geboten!

Einem *drei- bis vierjährigen Kind* darf man, was die Sicherheit anbelangt, noch nicht über den Weg trauen. Die bereits genannten Sicherheitsmaßnahmen sind also weiterhin gültig.

Ernährung und Essgewohnheiten

Ernährung auf das Kind abstimmen

Obwohl viele Kinder zwischen *drei und vier Jahren* am Tisch bereits richtig mitessen und die schwierige Zeit des Neinsagens vorbei ist, ist es unrealistisch, von ihnen zu erwarten, dass sie alles mögen und immer ihren Teller leer essen.

Eine lacto-vegetabile Ernährung ist weiterhin wünschenswert, obwohl im Prinzip von nun an alles gegessen werden kann. Die Devise lautet: Ernährung auf das Kind abstimmen. Auch wird es in Zukunft immer deutlicher sagen, was es essen will und was nicht. Was die *Vorlieben* des Kindes betrifft, muss man allerdings darauf achten, dass sie nicht zu einer *Einseitigkeit* führen oder eine einseitige Entwicklung verstärken. Es gibt weiterhin drei Mahlzeiten und zwei Zwischenmahlzeiten oder vier Mahlzeiten.

Kinder sind Rätsel von Gott
und schwerer als alle zu lösen;
aber der Liebe gelingt's,
wenn sie sich selber bezwingt.

Friedrich Hebbel

Krankheiten

Drei Hauptaktivitäten durchziehen das Babyalter: wachsen, die Umgebung erkunden und den eigenen Körper ergreifen. Krankheiten kommen in der Regel in dieser Zeit kaum vor. Im Kleinkindalter ändert sich das. Das Kind gerät immer intensiver in Kontakt mit seiner Umwelt, und dazu gehören auch die Infektionskrankheiten. Somit ist es kein Wunder, dass das kleine Kind häufig erkältet oder krank ist. Indem die Eltern seine Widerstandsfähigkeit durch richtige Kleidung und Ernährung unterstützen, es regelmäßig mit ins Freie nehmen und eine ihm angemessene Lebensweise bieten, schaffen sie gute Voraussetzungen, damit es Schwächen und Krankheiten überwinden lernt. Ist der kindliche Widerstand durch Impfungen oder irgendein dramatisches Ereignis geschwächt, ist womöglich Unterstützung von medizinischer Seite notwendig.

Über Schmerz und Fieber

Fieber an sich ist ungefährlich

Die Krankheitssymptome, die am häufigsten bei kleinen Kindern auftreten, sind *Fieber und Schmerz*. In diesen Fällen ist es anzustreben, das Abwehrsystem optimal anzuregen, sodass die Krankheit möglichst schnell und gründlich überwunden wird. Fieber an sich ist ungefährlich. Leider besteht eine weitverbreitete Angst davor, denn es wird häufig mit Fieberkrämpfen in Verbindung gebracht, die aber in Wirklichkeit nur selten vorkommen und auch dann meist nur im Fieberanstieg. Ist das Kind erst einmal richtig krank, so besteht die Gefahr von Fieberkrämpfen nicht mehr, selbst wenn das Fieber sehr hoch ist. Auch besteht die *irrtümliche* Meinung, wenn ein Kind schon einmal einen Fieberkrampf gehabt habe, sei das Epilepsierisiko erhöht. Man kann durchaus sagen, dass Fieberkrämpfe im Prinzip harmlos sind, so schlimm sie auch erscheinen.

Wie steht es mit Essen und Trinken?

Einem *kranken* Kind sollte man regelmäßig kleine Mengen zu trinken geben. Bei Fieber ist ein *süßes Getränk*, z.B. Kräutertee mit ein wenig Honig am besten geeignet, denn durch Einnahme von Süßem steigt der Blutzuckerspiegel, und das hilft dem Kind, das rasch ansteigende Fieber gut zu überstehen. Zwingen Sie das Kind nicht zum Essen. Manche Eltern meinen, dass bei Fieber eine Gefahr für bestimmte Organe wie Gehirn oder Herz bestehe. Auch das stimmt ganz und gar nicht. Nur die Krankheit, die das Fieber verursacht, z.B. Hirnhautentzündung, kann gefährlich sein. In diesem Fall aber hat das Kind außer Fieber auch noch andere Krankheitssymptome.

Gibt es noch andere Symptome?

Viele Kinder haben eine Zeit lang Fieber, ohne dass es dafür eine Erklärung gibt. Hat ein Kind Fieber, so sollten Sie immer auch auf andere Erscheinungen achten, um den *Ernst der Erkrankung* beurteilen zu können: Fühlt sich das Kind beklommen oder ist es benommen, hustet es oder hat es Schwierigkeiten mit dem Wasserlassen? Lassen Sie sich im Zweifelsfall beraten, aber haben Sie keine Angst vor Fieber.

Fieber *künstlich* zu unterdrücken hat mehr Nachteile als Vorteile. Wird das Fieber gewaltsam gesenkt, so wird zwar die Temperatur abnehmen, aber nur um später wieder anzusteigen, und gerade dadurch fühlt sich der Kranke elend. Auch kann das *Abwehrsystem* nicht optimal arbeiten, wenn das Fieber unterdrückt wird. Ist das Kind unruhig oder fantasiert, sind Wadenwickel zu empfehlen (siehe Literaturverzeichnis). Die Temperatur wird dadurch vielleicht nicht immer sinken, aber das Kind wird sich besser fühlen.

Das Fieber nicht gewaltsam senken!

Schmerz tritt bei vielen kleinen Beschwerden auf. Hier folgen einige einfache Maßnahmen, um Schmerzen zu lindern und, falls diese nachts auftreten, die nächtliche Ruhe von Klein und Groß wieder herzustellen:

- *Wärmewickel* bei Bauch-, Zahn- und Halsschmerzen
- *Kälte,* meistens in Form von kalten Wasser- oder Eiskompressen, hilft bei Verrenkungen, Verstauchungen, Blutergüssen oder Muskelverletzungen. Sie sollten den Eisbeutel nicht auf die betreffende Stelle legen, sondern mit dem Beutel tupfen, und zwar nicht länger als eine Viertelstunde hintereinander. Später können Sie diese Prozedur wiederholen.
- *Arnikasalbe* wirkt sehr gut bei Prellungen und nicht-offenen Verletzungen.
- Bei Ohrenschmerzen hat sich ein *Zwiebelsäckchen* hinter dem erkrankten Ohr bewährt.

In dem Buch *Kindersprechstunde* von Wolfgang Goebel und Michaela Glöckler (siehe Literaturverzeichnis) werden die verschiedenen Wickel und deren Anwendung ausführlich dargestellt.

Falls keines dieser Mittel Linderung bringt, können Sie dem Kind in *Ausnahmefällen* auch ein *Schmerzmittel* geben. Dabei sollte Ihnen aber klar sein, dass Sie diese Maßnahme ergreifen, um sich selbst und dem Kind die nötige *Ruhe* zu verschaffen, dass Sie aber damit nicht die *Krankheit* heilen.

Schmerzmittel nur in Ausnahmefällen

Die Rolle des Hausarztes

Den Arzt zeitig zu Rate ziehen – das beruhigt

Eltern kennen ihr Kind am besten und merken häufig als Erste, wenn mit ihm etwas nicht in Ordnung ist. Oft spüren sie auch *intuitiv*, ob es sich um etwas Ernsthaftes handelt oder nicht, es sei denn, sie *fürchten* sich grundsätzlich vor Krankheit und geraten dadurch leicht in Panik. Da Eltern auf emotionalem Gebiet sehr eng mit dem Kind verbunden sind, ist es in Zweifelsfällen immer gut, den Arzt einzuschalten. Man kann sich viel Kopfzerbrechen ersparen, wenn man zeitig den Arzt zu Rate zieht. An die Stelle von Angst und Zweifel treten alsbald Ruhe und Zuversicht, was sich günstig auf das kranke Kind auswirkt.

Einzelne Erkrankungen

Was kann man für das kranke Kind tun?

Wir werden auf eine Anzahl häufig vorkommender *Krankheiten* und *Beschwerden* des Kleinkindalters kurz eingehen. Viele Fragen werden aber unbeantwortet bleiben. Wir wollen Ihnen wenigstens einen Eindruck davon vermitteln, was man mit anthroposophischen und Naturheilmitteln sowie mit äußeren Anwendungen für das kranke Kind tun kann. Für ausführliche Informationen verweisen wir auf das Literaturverzeichnis.

Husten

Gibt es in der Familie Allergien?

Kleine Kinder haben immer wieder Husten, manchmal sind sie obendrein noch erkältet. Nur unter besonderen Umständen ist hierbei ärztliche Behandlung nötig. Auf jeden Fall sollte abgeklärt werden, ob in der Familie Asthma, Heuschnupfen, Allergien oder Milchschorf vorkommen. Womöglich deutet der Husten des Kindes auf solch eine Veranlagung hin; dann sollte es entsprechend behandelt werden. Tritt zusätzlich zum Husten auch noch Fieber auf, sollte man sich vom Arzt beraten lassen. Stellen Sie selbst keine *Versuche* mit irgendwelchen Hustenmitteln an.

Schnupfen

Schnupfen kommt bei kleinen Kindern häufig vor und ist in der Regel harmlos. Ist ein Kind aber andauernd erkältet, muss der Arzt zu Rate gezogen werden.

Was verschafft Erleichterung?

Wenn eine *Erkältung* bereits vorhanden ist, grüner Schleim aus der Nase kommt und auch noch der Atem schlecht riecht, liegt meistens eine Entzündung der Rachenmandeln vor, auch wenn die Temperatur normal ist. Nasentropfen mit Kamillentee oder Kochsalzlösung (ein Teelöffel Salz auf ein Glas lauwarmes Wasser) sorgen für Erleichterung: sechsmal am Tag drei Tröpfchen in jedes Nasenloch träufeln. Vor dem Zubettgehen können Sie ein wenig Nasencreme in jedes Nasenloch streichen, um das Atmen zu erleichtern, möglichst auf der Basis ätherischer Öle. Abschwellende Nasentropfen oder –creme sollten nur im Notfall und nicht länger als 5 Tage gegeben werden. Sehr gut ist es, Lavendelöl oder Baby-Inhalat im Zimmer zu verdampfen.

Mittelohrentzündung

Die Erkältung verlagert sich auf die Ohren

Mittelohrentzündung ist vielleicht die ernsteste der häufigen Krankheiten im Kleinkindalter. Oft bekommt das Kind nach einer Erkältung auf einmal Ohrenschmerzen und Fieber. Es hört nicht mehr gut. Drückt man von außen auf den vorderen Ohrknorpel, tut es weh. Das Kind fühlt sich krank und ist oft sehr quengelig.

Der Krankheitsverlauf ist nicht immer vorhersehbar. Bei manchen Kindern ist die Krankheit nach einigen Stunden vorbei und kehrt nie mehr zurück. Bei anderen dagegen ist die erste Mittelohrentzündung der Anfang eines sich womöglich *über Jahre* hinziehenden Problems.

Besteht Verdacht auf eine Mittelohrentzündung, so sollte man zunächst den Schmerz lindern, indem man ein *Zwiebelsäckchen* hinterm Ohr anbringt und Nasentropfen, z.B. eine physiologische Kochsalzlösung, in die Nase träufelt. Schafft das alles keine Abhilfe, so muss der Arzt konsultiert werden. Süße Milchprodukte können die Schleimbildung verstärken.

Schwerhörigkeit

Eine Bedrohung für die Sprachentwicklung

Schwerhörigkeit tritt vielfach nach einer akuten Mittelohrentzündung auf, weil sich hinter dem Trommelfell Flüssigkeit angesammelt hat. Bei längerem Bestehen kann die Schwerhörigkeit eine Bedrohung für die *Sprachentwicklung* bedeuten. Das Kind kann auch im *Sozialen* immer größere Schwierigkeiten bekommen, sich zurechtzufinden. Oft ist auch der *allgemeine Gesundheitszustand* angegriffen. Auf jeden Fall sollte man sich an den Arzt wenden.

Geschwollene Drüsen

Wann sind sie ernst zu nehmen?

Kleine Kinder haben oft im Halsbereich geschwollene Drüsen, dabei sind vor allem die Drüsen betroffen, die sich unter dem Winkel des Unterkiefers befinden. Meistens handelt es sich um eine harmlose Schwellung, die von alleine verschwindet. Es gibt aber zwei Ausnahmen, die man ernst nehmen sollte: Halslymphknotenentzündung und Angina.

Halslymphknotenentzündung

Ärztliche Beratung ist notwendig

Die Halslymphknotenentzündung tritt in den meisten Fällen nur auf einer Seite auf, selten ist sie beidseitig. Diese Entzündung führt zu extrem großen Knotenschwellungen. Bei einer einseitigen Entzündung hält das Kind den Kopf ständig schief. Die Beschwerden sind in der Regel mit Fieber und Schmerz verbunden. Ärztliche Beratung ist notwendig.

Angina (Mandelentzündung)

Eine Angina ist eine schmerzhafte Entzündung der Rachenmandeln. Das Kind hat etwa 38,5 °C Fieber und Halsschmerzen. Das Schlucken ist schmerzhaft, sodass dem kleinen Kind der eigene Speichel aus dem Mund läuft. Zuallererst sollte man die Schmerzen lindern und einen Halswickel machen. Ansonsten muss eine Angina vom Arzt betreut werden.

Pseudokrupp

Das Krankheitsbild kann sehr bedrohlich wirken

Pseudokrupp ist ein Virusinfekt im Bereich des Kehlkopfes. Dieser tritt meistens sehr akut auf, vor allem spät abends an warmen feuchten Tagen. Das Kind hat Beklemmungen, ist ängstlich und unruhig; hinzu kommt ein fremdartiger, rauher, tiefklingender bellender Husten. Auch Fieber kann auftreten. Das Krankheitsbild kann dermaßen eindrucksvoll sein, dass die Eltern in Panik geraten. Dadurch verschlimmert sich die Lage nur noch. Eine erprobte Methode ist das sogenannte *Dampfbad*. Man nimmt das Kind mit ins Badezimmer, dreht die heiße Dusche auf, sodass reichlich Dampf entsteht, und setzt sich mit dem Kind auf dem Schoß so hin, dass es den Dampf einatmen kann. Wenn man dabei ein Liedchen summt und das Kind wiegt, beruhigt es sich. Meistens tritt bald eine Besserung ein. Lässt die Beklemmung nach, kann man das Kind wieder ins Bett bringen. Oft bleibt es noch eine Zeit lang heiser, hat noch schwerklingende Hustenanfälle und Fieber. Im Allgemeinen verschwinden diese Symptome im Laufe der nächsten Tage, ohne die geringste Spur zu hinterlassen. Da dieses Krankheitsbild so dramatisch aussieht, sollte man den Arzt konsultieren. Dieser kann häufig schon durchs Telefon den typischen Pseudokrupp-Husten erkennen und Rat geben.

Impetigo (Eitergrind)

Eine sehr ansteckende Entzündung

Impetigo tritt meistens im Mundbereich oder/und um die Nasenlöcher herum auf. *Charakteristische Merkmale* sind: rote Flecken, gelbe Krusten und Eiterbläschen. Diese Entzündung ist sehr ansteckend! Oft kann man feststellen, dass es in der Umgebung Kinder mit einer Entzündung um den Fingernagel oder einer Halsentzündung gibt, denn die gleichen Bakterien spielen hierbei eine Rolle. Ärztliche Behandlung ist notwendig.

Würmer

Eine unangenehme Plage

Kleine Kinder leiden häufig an Würmern. Meistens handelt es sich um 1 cm lange drahtförmige weiße «Maden», die in oder auf dem *Stuhlgang* zu sehen sind. Dem Kind juckt manchmal der After und es hat Bauchschmerzen. Bei Mädchen kann es zu einer vaginalen Infektion kommen. Erfahrungsgemäß helfen nur Anti-Wurmmittel. Die Auffassung, dass eine Wurminfektion auf mangelhafte Hygiene deutet, hat sich in der Praxis nicht bestätigt. Da Wurminfektionen ansteckend sind, sind häufig mehrere Familienmitglieder betroffen.

Blasenentzündung

Urinprobe untersuchen lassen

Die Blasenentzündung ist vor allem ein «Mädchenleiden». Die Hauptsymptome sind: Schmerz beim Wasserlassen, öfter urinieren müssen oder umgekehrt: obwohl man einen Drang verspürt, kommt nichts. Bekommt das Kind zusätzlich noch Fieber, so ist das Krankheitsbild vollständig. Lassen Sie möglichst den *Zucker* aus der Ernährung weg und geben Sie dem Kind *viel zu trinken.* Saure, Vitamin C-reiche Getränke wie Orangensaft machen den Urin sauer, wodurch die Blasenentzündung häufig von alleine verschwindet. Eine Urinkontrolle, vom Arzt ausgeführt, ist aber notwendig. Halten Sie Unterleib, Beine und Füße des Kindes warm.

Erbrechen

Geht das Erbrechen mit Fieber und Durchfall einher?

Wenn ein Kind, das *über ein Jahr* alt ist, erbricht, braucht man nicht wie bei einem Baby Angst zu haben, dass es schnell austrocknet. Zu beachten ist jedoch Folgendes: Erbrechen ohne Fieber oder Durchfall ist im Allgemeinen harmlos. Erbrechen mit Fieber deutet in den meisten Fällen auf eine (Darm-)Infektion. Vor allem wenn Erbrechen, Fieber und Durchfall zusammen auftreten, sollte man auf jeden Fall den Arzt konsultieren!

Jede Behandlung fängt mit einer *Fastenperiode* an. Lassen Sie das Kind 3 bis 6 Stunden nichts essen oder trinken. Es darf nur den Mund z.B. mit Apfelsaft spülen. Hört das Erbrechen auf, gibt man dem Kind einen halben Becher Fenchel- oder Kamillentee zu trinken. Ein bewährtes Rezept ist auch *Reiswasser mit Bouillon* in gleichen Mengen. Ein *Kamillenwickel* oder eine *Kamillenkompresse* auf dem Bauch wirkt manchmal Wunder. Geht es dem Kind ein wenig besser, darf es etwas Herzhaftes, das aber leicht verdaulich sein soll, essen. Bekommt ein Kind, das schon eine Weile immer wieder erbrochen hat, plötzlich Fieber, so kann das auf *Austrocknung* deuten. Das Kind gehört in ärztliche Behandlung.

Was darf das Kind zu sich nehmen?

Durchfall

Wir sprechen von Durchfall, wenn der Stuhlgang dünnflüssig ist und es 4 bis 6 Stühle am Tag gibt. Hat das Kind Durchfall, aber sonst keine anderen Symptome, so kann nach kurzem Fasten die gleiche Diät wie bei Erbrechen angewandt werden. Dem Kind kann man ein wenig Norit oder Birkenkohle (Carbo Betulae-Pulver) verabreichen und einen Kamillenwickel auflegen. Reagiert es gut darauf, kann man ihm dünnen Brei (mit verdünnter Milch gekocht), Yoghurt, Bouillon oder Kräutertee oder eventuell schwachen Schwarztee anbieten. Am folgenden Tag sollte zusätzlich leichte zuckerarme Nahrung, z.B. Toast, weiches Gemüse und polierter Reis, gegeben werden. Gekochte Möhren und geriebener Apfel wirken gut bei Verdauungsproblemen. Bleibt nach diesen Maßnahmen der dünnflüssige Stuhlgang aus, so kann man zu leichtem Vollkornbrot übergehen. Vermeiden Sie aber noch einige Tage schwer verdauliche Speisen oder solche, die den Darm reizen. Hört der Durchfall nicht auf, so sollte der Arzt verständigt werden.

Die gleiche Diät wie bei Erbrechen

Hat der Stuhlgang eher eine *breiartige* Konsistenz, so spricht man nicht von Durchfall. Das ist nichts Ungewöhnliches bei kleinen Kindern. Riecht er sauer oder vergoren und ist die Nahrung schlecht verdaut, sollte man zusammen mit dem Arzt die Ernährung des Kindes unter die Lupe nehmen. Eine unausgewogene Ernährung mit zu wenig Fett oder zu viel Zucker sowie eine zu ballaststoffreiche Ernährung oder große Mengen Apfelsaft können den Stuhlgang dünn machen.

Sauer riechender Stuhlgang

Verstopfung

Wenn «nichts mehr kommt»

Im Laufe der *ersten vier Jahre* wird der Stuhlgang des Kindes immer konsistenter. Von Verstopfung ist die Rede, wenn der Stuhlgang sehr fest und hart geworden ist, sodass der Toilettengang schmerzhaft ist und nur wenig oder gar nichts kommt. Bleibt der Stuhlgang einige Tage aus, so kann sich der Bauch hart anfühlen. Das Kind fühlt sich nicht wohl und hat weniger Appetit. Legt man eine Wärmflasche oder einen Kamillenwickel auf den Bauch und sorgt für warme Beine und Füße, so wirkt das entkrampfend.

Ursachen von Verstopfung sind: stopfende Kost, zu wenig Flüssigkeit (ein Kind, das zu Verstopfung neigt, sollte täglich mindestens einen Liter trinken), Schmerzen beim Stuhlgang, Spannung, Hektik und zu wenig Bewegung. Wenn ein Kind längere Zeit hintereinander Verstopfung hat, ist der Darm ganz vollgepfropft, und es gelangt höchstens noch etwas dünner Stuhlgang hindurch. Spuren davon findet man dann in der Unterwäsche.

Stopfende Nahrungsmittel

Stopfend wirken alle Nahrungsmittel, in denen raffinierter Zucker und Weißmehl verarbeitet sind, wie Bananen, Toastbrot, Zimt, geriebener Apfel, Schokolade und Reiswaffeln. Bei Verstopfung helfen Vollkornprodukte und frisches Obst und Gemüse. Besonders Zitrusfrüchte, rote Beete, aufgeweichte Dörrpflaumen, Haferflocken und saure Milchprodukte wirken anregend auf die Verdauung.

Manchmal gibt es kleine schmerzhafte Fissuren (kleine Risse) im Afterbereich, sodass sich das Kind so lang wie möglich dem Drang zum Drücken widersetzt. In diesem Fall sollte man den Arzt aufsuchen.

Auch Aufregungen können die Ursache sein

Außerdem können aufregende Ereignisse wie ein Umzug, die ersten Tage in einer Kleinkindgruppe, Spannungen in der Familie oder ein zu strenges Toilettentraining Verstopfung verursachen. Versuchen Sie Spannungen abzubauen und sorgen Sie bei der Ernährung für genügend Flüssigkeit und abführende Kost.

Umgang mit dem kranken Kind

Die Energie der Eltern ist gefordert

Wie anfangs bereits gesagt, sollte man dem Kind für seine Entwicklung genügend Zeit lassen; das gilt auch für das Kranksein. Damit ein krankes Kind wirklich gesund werden kann, muss es die nötige Zeit und Ruhe haben, erst einmal richtig krank sein zu *dürfen* und sich danach gründlich *auszukurieren*. In der Praxis ist das nicht immer so einfach, denn eine Krankheit kommt fast immer ungelegen. Außerdem verlangt ein krankes oder kränkelndes Kind viel Energie von den Eltern.

Eltern sollten eigentlich grundsätzlich damit rechnen, dass ihr kleines Kind öfter krank sein wird, und sich also bereits im Voraus Gedanken darüber machen, wie sie mit dieser *Sondersituation* umgehen wollen. Auf diese Weise wird im Ernstfall eine Menge Unruhe vermieden, und die Krankheitsperiode kann vielleicht sogar zu einer besonderen, gemütlichen Zeit werden.

Mit Fieber gehört man ins Bett!

Wenn möglich richten Sie es so ein, dass um das Kranksein herum *feste Gewohnheiten* entstehen. Hat das Kind Fieber, darf es im Wohnzimmer in einem Schlafsack auf dem Sofa oder im Reisebettchen liegen; und wenn es ihm schon wieder ein bisschen besser geht, darf es warm angezogen im Trainingsanzug oder etwas Ähnlichem herumlaufen. Prinzipiell sollte man sich an folgende *Faustregel* halten: mit Fieber gehört man ins Bett, und auch noch einen Tag darüber hinaus, und anschließend noch einen Tag ins Haus. Hat das Kind eine Kinderkrankheit durchgemacht, braucht es möglicherweise länger, um sich zu erholen. In diesem Fall sollte die Mutter abspüren, wann das Kind wieder so kräftig ist, dass es alles wie gewohnt mitmachen kann. Nach Scharlach, Masern und Keuchhusten benötigen Kinder unbedingt eine längere Rekonvaleszenz.

Während der Krankheit sollte der Tag so gegliedert sein, dass sich Alleinsein und Zusammensein, ablenkende Aktivitäten und Zeiten der Ruhe regelmäßig abwechseln. Zu den *Lieblingsbeschäftigungen* gehören ohne Zweifel Vorlesen und gemeinsames Basteln.

Genügend trinken!

Fieber und Appetit gehen selten zusammen. Einige Tage nichts oder ganz wenig zu essen, ist nichts Ungewöhnliches. Das Kind sollte aber genügend trinken, am besten leicht gesüßten Kräutertee. Achten Sie außerdem darauf, dass es keine Verstopfung bekommt, denn das kann den Heilungsprozess beeinträchtigen.

Und wenn's besser geht?

Ein Kind, das kein Fieber mehr hat, sich aber noch nicht wirklich gut fühlt, will oft schon mehr machen, als es kann. Das ist lästig, sowohl für das Kind als auch für die Eltern. Bauen Sie eine Art *Programm* in den Tagesablauf ein, auf das sich das Kind freuen kann und das ihm einen Halt gibt. Vielleicht kann man eine Schachtel mit tollen oder sogar neuen Spielsachen für einen solchen Fall bereithalten.

Wer über längere Zeit ein krankes Kind im Haus hat oder mehrere kranke Kinder nacheinander, dem fällt manchmal die Decke auf den Kopf. Versuchen Sie den Tag so zu organisieren, dass Sie einmal weggehen können, um neue Kraft zu schöpfen.

Literaturverzeichnis

Das Wichtigste im Umgang mit Kleinkindern

Heydebrandt, Caroline von: Vom Seelenwesen des Kindes. Stuttgart [11]1991.

Soesman, Albert: Die zwölf Sinne. Tore der Seele. Stuttgart [3]1998.

Stave, Uwe: Die Umwelt des kleinen Kindes. Früherziehung zur Lebenstüchtigkeit. Stuttgart 1992.

Die Entwicklung des kleinen Kindes

Brochmann, Inger: Die Geheimnisse der Kinderzeichnungen. Wie können wir sie verstehen? Stuttgart 1997

Glöckler, Michaela/Goebel, Wolfgang: Kindersprechstunde. Ein medizinisch-pädagogischer Ratgeber. Erkrankungen – Bedingungen gesunder Entwicklung – Erziehung als Therapie. Stuttgart [13]1998.

König, Karl: Sinnesentwicklung und Leiberfahrung. Stuttgart [4]1995.

König, Karl: Die ersten drei Jahre des Kindes. Erwerb des aufrechten Ganges – Erlernen der Muttersprache – Erwachen des Denkens. TB, Stuttgart [10]1997.

Kranich, E.-M. u.a.: Formenzeichnen. Die Entwicklung des Formensinns in der Erziehung. Stuttgart [2]1992.

Linden, Wilhelm zur: Geburt und Kindheit. Frankfurt a. M. [13]1991.

Piaget, Jean: Das Erwachen der Intelligenz beim Kinde. Gesammelte Werke I, Stuttgart [3]1991.

Plattner, Elisabeth: Die ersten Lebensjahre. Eine Hilfe im Umgang mit kleinen Kindern. Stuttgart [6]2000.

Steiner, Rudolf: Die Erziehung des Kindes vom Gesichtspunkte der Geisteswissenschaft. Dornach 1992.

Eltern und Kinder – Die Familie

Dunn, Judy/Plomin, Robert: Warum Geschwister so verschieden sind. Stuttgart 1996.

Gädeke, Wolfgang: Ehe. Sehnsucht, Idee, Wirklichkeit. Stuttgart 2000.

König, Karl: Brüder und Schwestern. Geburtenfolge als Schicksal. Stuttgart/Göttingen 1989.

Themen der Kinderpflege

Anschütz, Marieke: Religiöse Erziehung. Stuttgart 1992.

Arbeitsmaterial aus den Waldorfkindergärten. Herausgegeben von der Internationalen Vereinigung der Waldorfkindergärten. Verlag Freies Geistesleben, Stuttgart (Auswahl):

- Spielzeug von Eltern selbst gemacht. Von Frey Jaffke. [18]1996
- Getreidegerichte – einfach und schmackhaft. Anregungen und Rezepte. Von Freya Jaffke. [10]1986
- Singspiele und Reigen für altersgemischte Gruppen. Zusammengestellt von Suse König. [7]1994
- Kleine Märchen und Geschichten zum Erzählen und für Puppenspiele. [9]1994
- Rhythmen und Reime. [7]1995
- Das kleine Kind und seine Bekleidung. Von Juliane Endlich. 1995
- Zwerge. Wie man sie sieht, wie man sie macht, wie man mit ihnen umgeht. Zusammengestellt von Johanna-Veronika Picht. [4]1995
- Das spielende Kind. Beobachtungen und Erfahrungen einer Kindergärtnerin. Von Ingeborg Haller. [3]1991
- Feste im Kindergarten und Elternhaus. Von Freya Jaffke.

Teil 1: Advent – Weihnachten – Drei Könige – Fasching. [3]1997

Teil 2: Ostern – Pfingsten – Johanni – Michaeli – Laternenfest. [2]1996

Arndt, Marga/Singer, Waltraud (Hrsg.): Das ist der Daumen Knuddeldick … Fingerspiele und Rätsel. Ravensburg 1997.

Barz, Brigitte: Feiern der Jahresfeste mit Kindern. Für Eltern dargestellt. Stuttgart [6]1996.

Dhom, Christel: Zauberhafte Märchenwolle. Anleitungen zum künstlerischen Gestalten von Mobiles und Spielfiguren. Stuttgart 1998.

Elsässer, Ruth: Wer kann's erraten? Rätsel und Bilder. Stuttgart 1990.

Enders, E./Stahl, G. (Hrsg.): Chemie in der Kindernahrung. Landsberg/Lech 1995.

Enzensberger, Hans-Magnus: Allerleirauh. Viele schöne Kinderreime. Frankfurt a. M. 1974.

Garff, Marianne: Es plaudert der Bach. Gedichte für Kinder. Basel [10]1996

Glogauer, Werner: Die neuen Medien verändern die Kindheit. Nutzung und Auswirkungen des Fernsehens, der Videofilme, Computer- und Videospiele, der Werbung und Musikvideo-Clips. Weinheim [3]1995.

Johanson, Irene: Geschichten zu den Jahresfesten. Für Kinder erzählt. Stuttgart [4]1995.

Jong, Vreni de: Kinderernährung – gesund und lecker. Sämtliche Grundlagen und 750 Rezepte für die Vollwertküche in der Familie. Stuttgart 1993.

Kutik, Christiane: Das Puppenspielbuch. Praktische Anleitungen und Geschichten. Stuttgart [2]1995.

Kutik, Christiane/Ott-Heidmann, Eva Maria: Das Jahreszeitenbuch. Anregungen zum Spielen, Basteln und Erzählen – Gedichte, Lieder und Rezepte zum Jahreslauf. Stuttgart [7]1996.

Thomas, Anne und Peter: Bunte Kinderfeste durchs ganze Jahr. Stuttgart 1998

Leeuwen, Marjolein/Moeskops Jos: Jahreszeitentische. Anregungen zur Gestaltung des Jahreslaufs in der Familie. Stuttgart [6]1997.

Neuschütz, Karin: Stofftiere zum Selbernähen aus Naturmaterial. Mit Anleitungen und Schnittmustern. Stuttgart 1996.

Neuschütz, Karin: Das Puppenbuch. Wie man Puppen selber macht und was sie für Kinder bedeuten. Stuttgart [6]1995.

Neuschütz, Karin: Die Waldorfpuppe. Anleitung zu ihrer Herstellung und zum Nähen ihrer Kleider. Mit vielen Schnittmustern. Stuttgart 1995.

Neuschütz, Karin: Kinder lieben Tiere. Wie man Woll- und Stofftiere herstellt und mit ihnen spielt. Stuttgart [2]1995.

Pausenwang, Elfriede: Die Unzertrennlichen. Neue Fingerspiele, Band 1 – 3. München 1993/4.

Werkbücher für Kinder, Eltern und Erzieher. Verlag Freies Geistesleben, Stuttgart (Auswahl):

- Bilderbücher mit beweglichen Figuren. Anregungen und Anleitungen zum Selbermachen. Von Brunhild Müller. [5]1994.
- Malen mit Wasserfarben. Von Brunhild Müller. [5]1995.
- Kinderbekleidung. Anregung zur Beurteilung, Gestaltung und Schnittformen. Von Ulrich Rösch und Traute Nierth. [2]1992.

Wolff, Otto: Was essen wir eigentlich? Praktische Gesichtspunkte zur Ernährung. Stuttgart 1996.

Erkrankungen und Sorgen

Benthem, A. van u.a.: Krankenpflege zu Hause auf der Grundlage der anthroposophisch orientierten Medizin. Stuttgart [4]1996.

Köhler, Henning: Von ängstlichen, traurigen und unruhigen Kindern. Grundlagen einer spirituellen Erziehungspraxis. Stuttgart [3]1995.

Köhler, Henning: «Schwierige» Kinder gibt es nicht. Plädoyer für eine Umwandlung des pädagogischen Denkens. Praxis Anthroposophie 40. Stuttgart [3]1998.

Meijs, Jeanne: Problemkindern helfen durch Spielen, Malen und Erzählen. Ein Ratgeber für Eltern und Erzieher. Stuttgart 1996.

Postman, Neil: Das Verschwinden der Kindheit. Frankfurt a. M. [9]1996.

Wolff, Otto: Die naturgemäße Hausapotheke. Praktischer Ratgeber für Gesundheit und Krankheit. Stuttgart [5]1996.

Adressen

Erste Kontaktadresse bei Problemen in der Entwicklung Ihres Kindes wird immer der Hausarzt oder der Kinderarzt sein.

Bei Fragen zum Stillen wenden Sie sich an den Bundesverband der Arbeitsgemeinschaft Freier Stillgruppen, Gertraudgasse 4, 97070 Würzburg, Tel. (0931) 573493, die Ihnen Anschriften der örtlichen Stillgruppen nennt.

Für pädagogische Fragen stehen die örtlichen Erziehungsberatungsstellen zur Verfügung.

Auf Anfrage schicken Ihnen folgende Kontaktstellen Adressen von Naturheilärzten und Naturheilkliniken:

Hufeland Gesellschaft für Gesamtmedizin e.V., Ortenaustr. 10, 76199 Karlsruhe, Telefon (07 21) 88 62 76
Deutscher Zentralverein homöopathischer Arzte e.V., Alte Steige 3, 72213 Altensteig, Telefon (0 74 53) 33 00
Gesellschaft anthroposophischer Ärzte e.V., Roggenstr. 82, 70794 Filderstadt, Telefon (07 11) 7 79 97 11, Telefax (0711) 7799712

Verein für Anthroposophisches Heilwesen
Johannes-Kepler-Strasse 56,
75378 Bad Liebenzell-Unterlengenhardt
Tel (07052) 20 34, Fax (07052) 41 07

Verein für anthroposophisch erweitertes Heilwesen
Postplatz 5, 4144 Arlesheim,
Tel (004161) 701 15 14, Fax (004161) 701 15 03

Register

Helga Heller-Waltjen

Ganzheitliche Kosmetik

Der Ratgeber
aus anthroposophischer Sicht
151 Seiten, mit zahlreichen
Abbildungen, kartoniert

In diesem ersten Ratgeber zur Naturkosmetik aus anthroposophischer Sicht gibt die erfahrene Kosmetikerin Helga Heller-Waltjen konkrete Empfehlungen, welche Art der Hautpflege im Sinne eines ganzheitlichen Verstehens von Mensch und Natur hilfreich und sinnvoll ist.

Dr. med. Lüder Jachens

Hautkrankheiten ganzheitlich heilen

Der Ratgeber
aus anthroposophischer Sicht
198 Seiten, mit zahlreichen
Abbildungen, kartoniert

Dieser Ratgeber zu Hautkrankheiten zeigt vom Standpunkt der anthroposophisch erweiterten Medizin, welche Art von Selbstmedikation möglich und welche Behandlung durch den Arzt nötig ist.

aethera®

Dr. med Jürgen Schürholz
Dr. med. Michaela Glöckler
Dr. Robert Kempenich
Dr. med. Olaf Titze

Für eine neue Medizin

Antworten auf drängende Fragen
zum Gesundheitswesen
Hrsg. Klaus B. Harms
175 Seiten, mit zahlreichen
Abbildungen, kartoniert

Vier Gespräche vermitteln ein klares und persönlich engagiertes Bild davon, was eine anthroposophisch erweiterte Medizin zu den Grundfragen unseres Gesundheitswesens zu sagen hat.

Markus Sommer

Die natürliche Reiseapotheke

104 Seiten, mit zahlreichen
Abbildungen, kartoniert

Wer Naturheilmittel schätzt, wird auch auf Reisen nicht darauf verzichten wollen. Die anthroposophische Medizin bietet viele bewährte Präparate, mit denen man die meisten Krankheiten, die unterwegs auftreten, vermeiden oder wirksam behandeln kann, soweit dies durch Selbstmedikation möglich ist.

aethera®

Dr. med. Bartholomeus Maris

Sexualität – Verhütung – Familienplanung

Methoden, Entscheidungshilfen,
Vor- und Nachteile
Ein Ratgeber aus ganzheitlicher Sicht
143 Seiten, mit zahlreichen
Abbildungen, kartoniert

Wird über eine geeignete Methode zur Schwangerschaftsverhütung nachgedacht, steht die Frage nach ihrer Sicherheit meist an erster Stelle. Wer jedoch von Anfang an neben der Zuverlässigkeit auch mögliche Auswirkungen auf Sexualität, Partnerschaft und Familienplanung in seine Überlegungen einbeziehen möchte, findet in diesem Ratgeber eine unentbehrliche Hilfe.

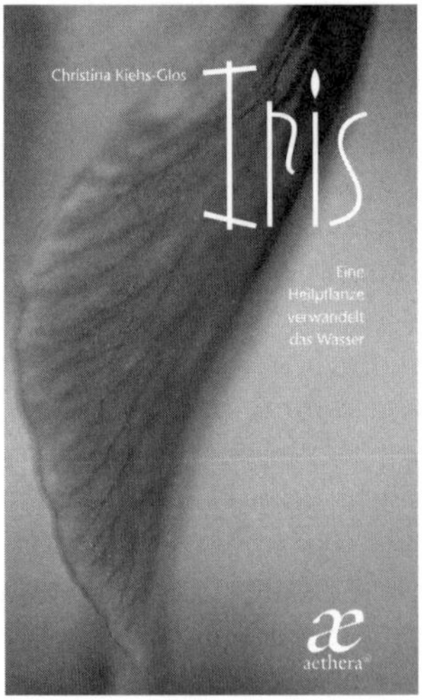

Christina Kiehs-Glos

Iris

Eine Heilpflanze
verwandelt das Wasser
96 Seiten, 85 Farbfotos, gebunden mit
Schutzumschlag

Die Iris ist in der Naturgeschichte ein leuchtendes Beispiel dafür, daß die «Intelligenz» und Schönheit der lebendigen Schöpfung sich nicht nur dazu anbietet, vom Menschen aus wirtschaftlichen und ästhetischen Gründen kultiviert zu werden, sondern ihm auch die Möglichkeit bietet, aus ihr eine neue Erkenntnis abzuleiten, mit deren Hilfe er die Welt und sich selbst geistig zu erfassen lernt.

æ
aethera®

Christa van Leeuwen / Bartholomeus Maris

Schwangerschaftssprech-stunde

Medizinische, seelische und geistige Aspekte von Schwangerschaft und Geburt
400 Seiten, gebunden

Dieses Buch behandelt nicht nur umfassend alle Fragen, die mit Schwangerschaft, Untersuchungen, möglichen Störungen und Komplikationen und schließlich mit der Geburt zusammenhängen, sondern möchte auch eine Hilfe zur eigenen Urteilsbildung sein. So wird neben den körperlich-medizinischen Aspekten auch das Seelisch-Geistige im Menschen zur Anschauung gebracht.

Wolfgang Goebel / Michaela Glöckler

Kindersprechstunde

Ein medizinisch-pädagogischer Ratgeber
Erkrankungen – Bedingungen gesunder Entwicklung – Erziehung als Therapie
13., völlig neu überarbeitete und erweiterte Auflage, 680 Seiten, gebunden
Zahn- und Gesundheitspass als Beilage

Dieser seit vielen Jahren bewährte Ratgeber ist ein Nachschlagewerk für Fragen in akuten Krankheitsfällen wie auch eine umfassende Informationsquelle über die Entwicklung des Kindes, seine Pflege und Erziehung. Ein Anhang enthält neben einem ausführlichen Register praktische Anleitungen zur häuslichen Krankenpflege und wichtige Bezugsadressen. Eine Notfallliste erleichtert das Ergreifen erster Hilfemaßnahmen bei akuter Gefahr.

aethera®

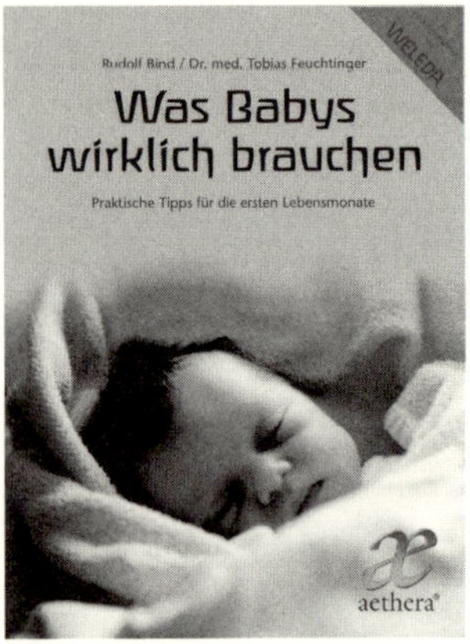

Rudolf Bind / Dr. med. Tilman Feuchtinger

Was Babys wirklich brauchen

Praktische Tipps für die
ersten Lebensmonate
112 Seiten mit zahlreichen
Schwarzweißabbildungen, kartoniert

Dieser Ratgeber gibt Müttern und Vätern eine erste praktische und geistige Orientierung für den Umgang mit ihrem Neugeborenen. Vieles können sie von ihrem Kind selber lernen. Das Buch soll ihnen Mut und Vertrauen in ihre eigene Wahrnehmungskraft geben und sie in ihrer großen Verantwortung für ihr Kind unterstützen.

Mit gewaltigen Entwicklungsschritten beginnt das Kind seine individuelle Biografie. Nie mehr wird es so viel in so kurzer Zeit lernen wie in diesen ersten Monaten. Dabei ist es ganz auf die Zuwendung seiner Umgebung und besonders der Eltern angewiesen. Diese machen mit ihrem Kind ganz einzigartige und ursprüngliche Erfahrungen. Jeden Tag werden sie mit weiteren Entdeckungen und elementarsten Fragen konfrontiert.
Die Autoren sind sich sicher, dass Eltern die allermeisten Herausforderungen selbstständig mit ihrem Kind zusammen lösen können. Dieses Buch zeigt, wie die dafür notwendige «Kreativität» entwickelt werden kann.

aethera®